PENSÉES
QUOTIDIENNES

Éditions Prosveta S.A. – B.P.12 – 83601 Fréjus Cedex (France)
ISBN 978-2-85566-981-6

Omraam Mikhaël Aïvanhov

PENSÉES QUOTIDIENNES

2010

PROSVETA

« Chaque matin, avant d'entreprendre quoi que ce soit, recueillez-vous un moment afin d'introduire en vous la paix et l'harmonie, et de vous lier au Créateur en Lui consacrant, par la prière et la méditation, cette journée qui commence.

L'essentiel, c'est le commencement. C'est là, au commencement, que les forces nouvelles se déclenchent et s'orientent. Pour agir correctement, il faut toujours commencer par chercher la lumière. Quand il fait nuit, vous ne vous précipitez pas dans l'obscurité pour aller prendre un objet ou commencer un travail, mais vous allumez d'abord une lampe pour y voir, et ensuite vous agissez. Eh bien, pour n'importe quel cas dans la vie, vous avez tout d'abord besoin d'allumer la lumière, c'est-à-dire de vous concentrer, de vous recueillir, afin de savoir comment agir. Si vous n'avez pas cette lumière, vous irez à gauche, à droite, vous frapperez à plusieurs portes, et vous ne ferez rien de bon.

Toute la journée est inscrite dans la direction que vous donnez dès le matin à vos pensées. Car suivant que vous êtes attentif et vigilant ou non, vous déblayez le chemin ou, au contraire, vous l'encombrez de toutes sortes de choses inutiles ou même nocives. Le disciple de la Science initiatique sait comment il doit commencer la journée s'il veut qu'elle soit fructueuse, remplie de la grâce de Dieu, afin de pouvoir répandre cette grâce autour de lui sur toutes les créatures. Il sait qu'il doit avoir, dès le matin, une pensée fondamentale autour de laquelle graviteront, durant la journée, toutes ses autres pensées.

Si vous avez pour chaque jour un but précis, une orientation précise, un idéal à atteindre, toutes vos activités vont peu à peu s'ordonner, s'organiser et contribuer à la réalisation de cet idéal. Et même lorsque des pensées et des sentiments étrangers, négatifs, tenteront d'entrer en vous, ils seront détournés et mis au service du monde divin, ils seront obligés eux aussi d'aller dans la direction que vous avez vous-même choisi de prendre. Et c'est ainsi que, grâce à la pensée fondamentale que vous aurez placée dès le matin dans votre tête, dans votre cœur, vous pourrez inscrire cette journée dans le grand Livre de la Vie.

Et puisque tout s'inscrit, une fois que vous aurez vécu une journée splendide, une journée de vie éternelle, non seulement elle sera enregistrée, non seulement elle ne mourra pas, mais elle tâchera d'entraîner toutes les autres journées à sa suite pour qu'elles lui ressemblent. Essayez au moins de bien vivre une seule journée car c'est elle qui influencera les autres : elle va les inviter pour leur parler et les convaincre d'être comme elle, équilibrées, ordonnées, harmonieuses.»

Omraam Mikhaël Aïvanhov

À l'instant où vous vous éveillez le matin, pensez que cet instant est le plus important de votre journée. Pourquoi ?... Parce que de lui va dépendre tout le reste de cette journée, et que de cette journée va aussi dépendre la suite de votre existence.

Jésus, qui savait cela, a dit : « *Ne vous inquiétez pas du lendemain, car le lendemain aura soin de lui-même. À chaque jour suffit sa peine.* » Ne pas s'inquiéter du lendemain, oui, mais à condition de penser à aujourd'hui, de bien vivre aujourd'hui, sinon vous passerez chaque lendemain à réparer les conséquences des fautes commises la veille. Tous ceux qui se sont occupés de leur avenir en négligeant les vingt-quatre heures présentes ont laissé des lacunes partout dans leur existence, et ils sont de nouveau sur la terre pour corriger, réparer et souffrir. Si vous arrivez seulement à bien vivre vingt-quatre heures, vous préparez les vingt-quatre heures à venir, vous n'avez rien à réparer, et le programme qui se présente est facile à exécuter : le terrain est défriché, il n'y a pas d'encombrement, et la vie est ainsi facilitée. Mais commencez surtout par bien vivre les premiers instants de cette journée pour préparer les heures suivantes.

2 *Janvier*

Pour que la vie passe, pour que la lumière passe, pour que les courants célestes passent, il faut leur ouvrir la voie. Tout dans la nature souligne cette loi. Pourquoi les pierres précieuses sont-elles tellement appréciées ? Parce qu'elles laissent passer la lumière… Et si la nature a réussi à travailler aussi magnifiquement sur certains minéraux, à les affiner, les purifier, les colorer pour en faire ces merveilles que nous admirons aujourd'hui : cristal, diamant, saphir, émeraude, topaze, rubis… pourquoi l'être humain n'arriverait-il pas à faire ce même travail en lui-même ?

Qu'est-ce que la prière, la méditation ? Justement des activités grâce auxquelles l'homme parvient à tout purifier et illuminer en lui-même dans son cœur et dans son âme, jusqu'à devenir un jour aussi limpide qu'une pierre précieuse. Alors, le Seigneur qui apprécie beaucoup les pierres précieuses le mettra sur sa couronne. C'est une image, bien sûr, mais elle correspond absolument à une réalité.

Chaque fois que nous venons pour nos réunions fraternelles, c'est comme si chacun apportait un fruit de son jardin, de son champ, de son âme, et l'atmosphère se remplit d'émanations délicieuses auxquelles tous peuvent goûter. Ainsi, au lieu d'être obligé de se contenter de radis, de tomates… ou de rutabagas – symboliquement parlant – qu'il cultive chez lui, chacun mange de tout, parce qu'il y a là de gentilles créatures qui apportent des pommes, des prunes, des poires, etc., c'est-à-dire la patience, la douceur, la force, la santé, l'amour, la tendresse, la pureté, l'intelligence, la foi, l'espérance… Il y a vraiment de quoi faire un festin !

Voilà la raison d'être d'une fraternité spirituelle. Tant que vous resterez seul chez vous, vous vivrez dans la pauvreté. C'est dans une fraternité spirituelle que vous trouverez l'abondance, c'est là que le Ciel distribue ses richesses à travers chacun d'entre vous.

4 *Janvier*

On ne peut rien trouver extérieurement que l'on n'ait au préalable trouvé intérieurement, c'est une loi. Oui, car quoi que l'on rencontre extérieurement, si on ne l'a pas déjà découvert intérieurement, on passera à côté sans le voir. Plus vous découvrez la beauté intérieurement, plus vous la découvrirez autour de vous. Sans doute pensez-vous : « Si je ne la vois pas, c'est évidemment qu'elle ne s'y trouve pas. » Vous vous trompez, elle s'y trouve bien, et si vous ne la voyez pas, c'est que certains organes de perception en vous ne sont pas encore suffisamment développés.

Commencez par chercher à saisir la beauté intérieurement et vous la verrez extérieurement aussi, car le monde extérieur, objectif, n'est rien d'autre qu'un reflet de votre monde intérieur, de votre monde subjectif. Que ce soit la beauté, l'amour, la sagesse, il est presque inutile de les chercher à l'extérieur si vous n'avez pas commencé à les découvrir en vous.

5 Janvier

Il est dit dans la *Genèse* que l'homme a été créé à l'image de Dieu. Cela signifie qu'il est habité par une âme supérieure qui touche le Ciel, une âme qui est une émanation de Dieu Lui-même. C'est pourquoi son existence ne prend réellement un sens que lorsqu'il entre en contact avec cette âme immortelle qui est lumière, harmonie et puissance.

C'est à travers votre âme supérieure que vous pouvez communier avec le Créateur en même temps qu'avec l'univers qu'Il a créé, car cette âme est elle-même une quintessence de l'univers. Et si vous pensez à elle, si vous avez plus souvent recours à elle, si vous vous liez à elle, si vous lui parlez et vous identifiez à elle, vous commencez à comprendre ce qu'est votre Moi véritable. Alors, votre conscience s'élève, ses vibrations deviennent plus intenses, jusqu'au jour où elle se fondra dans la conscience de cette Âme sublime, et vous ne ferez plus qu'un avec Dieu.

6 Janvier

La vie n'est possible que grâce à l'existence des contraires. C'est une loi que l'on peut vérifier dans tous les domaines. Par exemple, l'abondance et la variété des richesses qui apparaissent à la surface de notre planète viennent de ce que cette surface n'est pas plane, mais qu'il y a différents niveaux, depuis les hauts sommets jusqu'aux profondeurs terrestres et marines. La diversité des climats, de la flore, de la faune, etc., d'où découle en partie la diversité des civilisations, vient de ce que la surface de la terre n'est pas nivelée, et c'est magnifique.

Et les humains non plus, il ne faut pas qu'ils soient nivelés. Pourquoi ? Pour qu'il y ait des échanges fructueux entre eux, toute une circulation. Le seul point qu'ils doivent avoir en commun, c'est un haut idéal, le désir de toujours progresser dans l'amour et la lumière. Pour le reste, qu'ils soient aussi différents que possible ! C'est cette différence qui rend leur vie riche et belle.

Vous avez commis des erreurs, vous avez beaucoup souffert… Oubliez ces erreurs et ces épreuves, efforcez-vous de vous projeter dans l'avenir. Pensez que vous êtes fils et filles de Dieu, pensez que vous êtes prédestinés à vous rapprocher de la perfection de votre Père céleste. Imaginez cet état extraordinaire d'épanouissement, de joie, de plénitude, et déjà vous le goûterez, vous le vivrez, il sera réalisé pour vous.

Si vous devez affronter une situation redoutable : passer un examen, subir une opération, comparaître devant un tribunal, plusieurs jours à l'avance, vous vous inquiétez en vous demandant comment cela va se passer et vous vivez déjà péniblement ces moments… Et quand vous pensez que vous allez rencontrer celui ou celle que vous aimez, là aussi vous vivez ce moment par avance et vous en ressentez déjà de la joie. Alors, puisque la pensée peut vous projeter dans un avenir tout proche, pourquoi pas dans un avenir lointain ? La puissance de la pensée est une réalité et le disciple doit apprendre à s'en servir pour accélérer son évolution.

8 Janvier

Vous rencontrez une personne par laquelle vous vous sentez immédiatement attiré. Elle est comme un vase rempli d'une essence précieuse qui vous plonge dans l'émerveillement ; elle vous inspire, élargit vos horizons et vous révèle les beautés du ciel et de la terre. Dites merci au Seigneur de l'avoir rencontrée, réjouissez-vous, et si vous voulez prolonger longtemps encore cette joie, essayez de ne pas vouloir tout de suite vous approcher d'elle physiquement, gardez quelque distance.

Appréciez comme une grâce chaque belle rencontre que vous faites, éclairez-vous, vivifiez-vous, renforcez-vous auprès d'elle. Si vous écoutez bien ce conseil et tâchez de l'appliquer, vous ne serez jamais privé de rencontres heureuses dans votre vie ; et parce que vous saurez les apprécier, vous connaîtrez véritablement ce qu'est l'amour.

La Science initiatique comprend la prière comme la rencontre de notre âme avec l'Esprit cosmique et celle de notre esprit avec l'Âme universelle. C'est cette rencontre qui donne sa force à notre prière. Celui qui s'imagine que prier c'est adresser des réclamations au Seigneur : « J'ai besoin d'argent, j'ai besoin d'une maison… je veux me marier… fais disparaître mes ennemis », ne sera peut-être pas exaucé, mais surtout il ne trouvera jamais les véritables dimensions de son être profond.

Le sens de la prière comme de tous les exercices spirituels, c'est de provoquer la rencontre de quelque chose en nous avec une entité de même nature dans l'univers et qui lui est complémentaire. Il se produit là une sorte de croisement qui est le plus grand secret de la religion : l'âme humaine (féminine) cherche l'Esprit divin (masculin) et l'esprit humain (masculin) cherche l'Âme universelle (féminine). Notre âme est fertilisée par l'Esprit cosmique, et notre esprit fertilise l'Âme universelle. C'est grâce à ce croisement que nous devenons créateurs dans le monde spirituel, et c'est cela, véritablement, prier.

La liberté ne peut être comprise que si on y associe l'idée de hiérarchie. Si vous vous trouvez au bas de l'échelle, quelle liberté pouvez-vous avoir ? Est-ce que les animaux sont libres ? Et les plantes ? Et les pierres ?… Même parmi les humains, beaucoup ne sont pas libres : ils sont poussés, influencés par d'autres, des humains ou des entités du monde invisible, parce qu'intérieurement ils se trouvent très bas, ce n'est pas eux qui décident.

Pour gagner sa liberté, il faut monter de plus en plus haut, jusqu'au Seigneur. C'est en cherchant à atteindre le sommet qu'on se libère. En ce sens, on peut dire que seul le Seigneur est libre. Toutes les autres créatures ne sont pas libres ; même les Archanges : ils sont plongés dans l'âme du Seigneur et ils reçoivent son influence. Ils sont libres de la liberté du Seigneur, mais pas libres par rapport au Seigneur. Seul le Seigneur est libre, et dans la mesure où elles se rapprochent du Seigneur, les créatures sont libres de sa liberté, pas autrement.

Aucun être humain sur la terre n'est à l'abri de la souffrance. Il faut seulement savoir qu'il y a des souffrances utiles, bénéfiques, et d'autres inutiles et même nuisibles. Les souffrances inutiles sont celles qu'on se crée soi-même en transgressant les lois de l'honnêteté, de la justice, de la bonté, de la sagesse, de l'amour, et elles ne méritent pas de compassion.

Les souffrances utiles sont celles de l'homme qui aime les autres et qui veut sincèrement les aider : il est obligé d'arracher chaque jour quelque chose de son cœur, de se dépouiller de son égoïsme, de ses partis pris. Car pour aider les autres, il ne suffit pas de se présenter avec de bonnes intentions et de bons sentiments, il y a intérieurement tout un travail d'ajustement à faire. Ce travail demande des sacrifices ; il est difficile, douloureux, mais combien bénéfique !

La pierre philosophale, l'élixir de la vie immortelle, la panacée universelle, le miroir magique, la baguette magique sont cinq symboles du travail que le disciple doit réaliser pour être digne de recevoir l'Initiation.

Quand il transforme ses pensées et ses sentiments égoïstes, mesquins, en pensées et sentiments généreux et désintéressés, il prépare la pierre philosophale qui transmute les métaux vils en or.

Quand, par une vie pure, il régénère les cellules de son organisme, il distille l'élixir de la vie immortelle.

Quand il répand autour de lui la lumière et la chaleur, il travaille avec la panacée universelle.

Quand il a appris à se projeter jusqu'aux régions les plus élevées du monde spirituel, il reçoit des messages de l'espace, et les objets et les êtres viennent se refléter dans son âme comme dans un miroir magique.

Enfin, quand il acquiert la pleine maîtrise de lui-même, il entre en possession de la baguette magique qui donne tous les pouvoirs.

13 Janvier

On ne connaîtra jamais réellement l'être humain tant qu'on négligera cette vérité : depuis les pierres et les plantes jusqu'aux archanges et jusqu'à Dieu, tout ce qui a une existence dans l'univers existe aussi en lui. C'est pourquoi l'univers est appelé macrocosme (le grand monde) et l'être humain, le microcosme (le petit monde). L'homme est infiniment petit, l'univers est infiniment grand, mais entre l'infiniment petit et l'infiniment grand existe une multitude de correspondances. Tous les organes de notre corps physique ainsi que ceux de nos corps psychiques et spirituels sont en affinité avec des régions du cosmos.

Évidemment, il ne faut pas s'imaginer que le cosmos possède des organes comme les nôtres ; mais dans leur essence, nos organes sont en correspondance absolue avec les organes du cosmos. Par la loi de l'affinité nous pouvons donc toucher dans l'espace des centres et des forces qui correspondent à certains centres et à certaines forces en nous, et quand nous y parvenons, nous savons ce que c'est que de participer à la vie cosmique.

Ceux qui disent qu'ils aspirent à vivre dans le Ciel, savent-ils ce qu'est véritablement le Ciel ? Certainement pas. C'est pourquoi ils doivent s'y préparer, sinon en arrivant là-haut, ils diront : « Mais il n'y a pas de cigarettes ici, il n'y a pas de bistrot, il n'y a pas de boîte de nuit… Et moi j'ai envie de fumer, j'ai envie de boire, j'ai des comptes à régler avec mes ennemis, j'ai envie d'embrasser des jolies femmes. Je veux redescendre. »

Pour pouvoir vivre dans les régions sublimes, il ne faut pas avoir tellement de besoins grossiers. C'est pourquoi contrairement à ce qu'on peut imaginer, tout le monde n'est pas prêt à vivre dans le Ciel. Même si on décidait un jour d'un grand déménagement des humains dans les régions célestes, combien seraient capables d'y rester ? Il ne suffit pas d'aspirer à la vie divine, il faut apprendre à s'y adapter. Alors, autant que vous le pouvez, essayez de vous rapprocher du Ciel par la prière, la méditation, la maîtrise de vos tendances inférieures, et peut-être un jour serez-vous prêt à habiter définitivement dans les régions bénies du monde divin.

Dans le *livre des Proverbes* la Sagesse prend la parole et dit : *« Lorsque l'Éternel traça un cercle à la surface de l'abîme, j'étais là ».* Que représente ce cercle ? Les frontières que Dieu a tracées pour créer le monde, et dans ce sens on peut dire que, pour créer, Il s'est limité. Se limiter signifie s'enfermer dans un univers qui fonctionne et évolue selon ses lois propres. Au-dehors, au-delà de cet univers, on ignore ce qui existe.

Les lois de la vie qu'étudie la science ne sont pas autre chose que les limites que Dieu s'est imposées dans sa création. Ce sont ces limites qui donnent structure, forme, contour et cohésion à la matière. Un monde qui ne serait pas circonscrit dans des limites serait instable et ne pourrait pas subsister, car à l'intérieur de ces limites toute la matière est en mouvement et ne demande qu'à s'échapper. Dieu a tracé un cercle pour retenir sa propre substance. Le cercle est un tracé magique. Au centre, Dieu a placé le noyau de la création et son travail a commencé.

16 Janvier

Efforcez-vous de prendre conscience que vous avez à votre disposition des facultés bien supérieures à l'intellect. L'intellect est seulement un bon instrument de travail pour l'étude et l'exploration de la matière. Mais même dans la vie quotidienne, il n'est pas le meilleur guide, car non seulement il n'a qu'une perception partielle de la réalité, mais surtout, au fond de tout ce qu'il décide d'entreprendre, il y a un mobile caché, un intérêt, un calcul égoïste qui finira toujours par produire des troubles. À peine a-t-il fait un sacrifice, un geste généreux, l'homme qui se laisse conduire par son intellect le regrette ; il trouve qu'il a été bien bête d'écouter les conseils de son cœur ou de son âme.

Et comment la fraternité se réalisera entre tous les hommes, comment la terre ne formera plus qu'une seule famille, comment le monde entier vivra dans la paix et l'harmonie, cela non plus l'intellect n'est pas capable de le concevoir. Il ne peut pas s'élever assez haut pour découvrir les vrais remèdes, les vraies solutions. Ce qu'il imagine, ce qu'il propose à partir de sa vision incomplète et égocentrique des choses, est toujours défectueux et ne résoudra rien de façon définitive. Il existe des solutions pour tous les problèmes qui se posent aux humains, mais pour les trouver il faut faire aussi appel au cœur, à l'âme et à l'esprit.

Les éléments dont notre corps est formé et tout ce qui nous permet de subsister, l'eau, la nourriture, l'air que nous respirons, la lumière et la chaleur du soleil, les matériaux dont nous faisons nos vêtements, nos maisons, nos outils, etc., nous devons tout à la nature. Certaines personnes peuvent être très fières, et à juste titre, de leurs talents, de leur ingéniosité, mais d'où ont-elles tiré les matériaux à partir desquels elles fabriquent leurs instruments, leurs appareils et même leurs œuvres d'art ? De la nature.

La nature nous donne tout. Mais ce que nous prenons est inscrit en détail quelque part. Ce sont des dettes que nous contractons auprès d'elle, et nous devons nous acquitter de ces dettes. Comment ? Avec une monnaie qui s'appelle le respect, la reconnaissance, l'amour et la volonté d'étudier tout ce qui est écrit dans son grand livre. Payer signifie donner quelque chose en échange, et tout ce que notre cœur, notre intelligence, notre âme et notre esprit sont capables de produire de bon peut être un paiement. Dans le plan physique nous sommes limités, et la nature ne nous demandera pas de rendre la nourriture, l'eau, l'air ou les rayons du soleil dont nous avons bénéficié ; mais dans le plan spirituel nos possibilités sont infinies, et là nous pouvons même rendre au centuple tout ce qu'elle nous a donné.

Les tout jeunes enfants, même les bébés qui viennent de naître, ne sont pas seulement de petits corps. C'est pourquoi ceux qui s'occupent d'eux doivent penser à leur âme, à leur esprit. S'ils le font, ils sentiront bientôt qu'ils attirent à eux les bénédictions de leur ange gardien. Car auprès de chaque enfant se tient un ange qui s'occupe de lui, qui veut son élévation ; mais souvent il rencontre de grandes difficultés dans sa tâche, parce que cet enfant est exposé à toutes sortes d'influences chaotiques de la part d'adultes inconscients.

L'ange gardien veille, il surveille, mais dans le plan physique il est très limité. C'est pourquoi il est tellement heureux quand il voit auprès de l'enfant au moins une personne qui pense à son âme, qui lui montre le chemin du bien et de la lumière, qui l'entoure d'influences harmonieuses ; et il la récompense en lui envoyant des rayons de joie.

Certaines personnes audacieuses comptent sur la peur qu'elles inspirent aux autres pour pouvoir réaliser leurs projets. C'est pourquoi les audacieux apprécient beaucoup les peureux ; ils ne leur seront certainement d'aucune aide dans leurs entreprises risquées ou malfaisantes, mais au moins ils ne les dérangeront pas, ils s'écarteront prudemment sur leur passage.

Le Ciel, lui, n'apprécie pas les peureux, car ils sont pareils à des cruches percées qui ne retiennent rien : face aux difficultés, aux obstacles, ils oublient leur credo et sont capables des plus grandes lâchetés. Le Ciel recherche des êtres audacieux, intrépides, des êtres qui, une fois qu'ils ont rencontré la lumière, se mettent à son service, et font face à tous les obstacles qui peuvent se dresser aussi bien à l'extérieur qu'à l'intérieur d'eux-mêmes.

L'étude de l'Arbre séphirotique, l'Arbre de Vie*, donne une vue très claire du travail spirituel à réaliser, et c'est une méthode qui peut vous accompagner tout au long de votre existence. Suivez-la, votre pensée cessera de vagabonder au hasard et, au fur et à mesure que vous arriverez à avancer dans cette voie, des bénédictions afflueront jusqu'à vous.

En revenant souvent sur l'Arbre séphirotique, vous allumerez chaque fois de nouvelles lumières, et ces lumières non seulement vous éclaireront, mais elles vous purifieront, vous renforceront, vous vivifieront et vous embelliront. Peut-être ne comprendrez-vous jamais parfaitement cette figure sacrée, et à plus forte raison n'arriverez-vous pas à réaliser les vertus et les puissances qu'elle représente, mais elle sera là comme la représentation d'un monde idéal qui vous tirera toujours vers le haut.

* Voir tableau et note, p. 374-376.

Soyez attentifs à ne pas prononcer de grandes paroles, ne vous engagez pas à la légère. Pourquoi ? Parce que vous provoquez le monde invisible et vous aurez ensuite les plus grandes difficultés à ne pas revenir sur vos décisions, à tenir vos engagements, ou même vous n'y arriverez pas.

Un homme jure qu'il ne se mariera jamais… Or, peu de temps après il rencontre une femme, et cette femme, qui est justement la moins capable de le rendre heureux, lui fait perdre la tête ; il se marie et voilà le commencement de tous ses malheurs. Des gens trop sûrs d'eux provoquent certaines entités du monde invisible : elles ont envie de les mettre à l'épreuve pour voir de quoi ils sont capables et leur donner une leçon. Combien sont obligés de reconnaître qu'ils ont fini par faire tout le contraire de ce qu'ils avaient solennellement affirmé ou promis ! Il y a des pays où, après avoir prononcé certaines paroles, on a l'habitude de toucher du bois. Cette coutume peut paraître une superstition, mais elle est très significative : elle révèle qu'en parlant, les gens ont conscience de provoquer des entités invisibles et ils font ce geste pour conjurer le mauvais sort.

L'existence terrestre n'est qu'apparence et illusion. C'est pourquoi, devant les difficultés et les épreuves que vous rencontrez, vous devez vous dire : « En réalité, ce n'est pas à moi que cela arrive, c'est à quelqu'un d'autre… Je ne sais pas à qui, mais en tout cas pas à moi. Moi, je suis invulnérable, je suis seulement un spectateur. »

Prenons l'exemple d'un acteur de théâtre. Chaque soir, il joue une pièce où son ennemi mortel verse du poison dans son verre, et il meurt. Mais s'il vous arrive de le rencontrer après la représentation au bistrot du coin, vous le verrez trinquer tranquillement avec son assassin : il n'a même pas peur qu'il lui ait versé à nouveau du poison dans son verre. Alors, pourquoi ne pas comprendre que, toutes proportions gardées, ce sont les mêmes comédies qui se jouent dans la vie courante ? Au lieu de prendre tellement au sérieux certaines situations désagréables, dites-vous : « Bah ! c'est du théâtre. Quand la pièce sera terminée, les choses m'apparaîtront différemment. » En vous habituant à raisonner ainsi, vous ne serez plus autant affecté par les inconvénients que vous avez à subir.

Le bien et le mal : voilà un sujet sur lequel il est difficile de se prononcer, car le plus souvent, sur la terre, rien n'est tout à fait bien ni tout à fait mal, et même les meilleures choses s'accompagnent de quelques inconvénients. Prenons seulement l'arrivée du printemps. D'un côté, c'est merveilleux, avec la lumière et la chaleur tout s'épanouit ; oui, mais les bestioles aussi s'épanouissent : les guêpes, les mouches, les chenilles, les pucerons, les moustiques… Prenons le progrès technique : est-il un bien ou un mal ? Combien de découvertes qui ont commencé par apporter d'immenses améliorations finissent par produire des catastrophes parce que les humains n'ont pas su se montrer prudents, clairvoyants et réfléchir aux conséquences ! Il n'est pas nécessaire de multiplier les exemples, vous pouvez tous les jours faire ces constatations.

Donc, quels que soient les événements ou les conditions, il y a des précautions à prendre. Les meilleures choses deviennent mauvaises pour les ignorants parce qu'ils ne sont pas prêts à y faire face. Tandis que les sages, au contraire, qui savent comment travailler, progressent au milieu des plus grandes difficultés.

Nous sommes liés aux êtres qui sont au-dessus de nous : les anges, les archanges… jusqu'à Dieu Lui-même. Mais nous sommes aussi liés à ceux qui sont au-dessous de nous : les animaux, les plantes, les pierres.

Vous comprendrez mieux en quoi consiste ce lien si vous regardez comment circulent les deux courants ascendant et descendant dans le tronc d'un arbre : le courant ascendant transporte la sève brute jusque dans les feuilles où elle se transforme en sève élaborée, tandis que le courant descendant transporte la sève élaborée qui nourrit l'arbre. Dans l'Arbre cosmique, l'homme se trouve sur le passage de ces deux courants qui le traversent et il doit apprendre à travailler consciemment avec eux. Lorsqu'il est parvenu à attirer la sagesse, la lumière et l'amour du Ciel, il les transmet aux êtres situés au-dessous de lui et liés à lui, jusqu'aux minéraux. Puis, grâce à un autre courant de circulation, ces forces, encore à travers lui, remontent depuis les minéraux jusqu'aux règnes supérieurs de la création. Celui qui se lie consciemment à cette chaîne vivante des êtres, est habité par la joie, la lumière et la paix.

L'enfant tout petit n'a pas d'autres préoccupations que de se nourrir, de jouer avec des objets qui l'entourent, et dès qu'on le contrarie un peu, il crie, il pleure. L'enfant est un petit monstre d'égoïsme ; oui, mais à cet âge-là, c'est naturel, et les parents savent qu'on ne peut rien lui demander d'autre. Mais l'enfant grandit et s'il garde ce même comportement, on le gronde, on lui donne même quelques petites tapes, car il doit cesser de tout ramener à lui. Plus tard, devenu adulte, il éprouvera le besoin de former un couple, puis d'avoir lui-même des enfants et il comprendra qu'il doit faire des sacrifices.

Pourquoi l'Intelligence cosmique a-t-elle conçu les choses ainsi ? Pour qu'ayant à s'occuper d'autres êtres qu'eux-mêmes (un mari ou une femme et des enfants, d'abord…) les humains sortent de leurs limitations. Mais combien ont compris cette leçon que veut leur donner l'Intelligence cosmique ? Combien sont capables de s'oublier vraiment pour se préoccuper sincèrement, de façon désintéressée, de leur femme, de leur mari, de leurs enfants ?

Toute la journée les gens se rencontrent et se saluent, mais ils le font machinalement, inconsciemment, même dans les familles, même dans les couples. Regardez : le mari ou la femme quitte la maison pour aller au travail. « Au revoir chéri, au revoir chérie… » et ils s'embrassent. Mais il n'y a rien dans leur baiser ! Ils s'embrassent par habitude. Dans ces conditions, pourquoi s'embrasser, c'est ridicule. Il faut savoir donner quelque chose à celui que l'on embrasse, pour le vivifier, pour le ressusciter. Ou encore, c'est quand le mari est chagriné, malheureux, qu'il va embrasser sa femme pour se faire consoler ; et il lui donne son chagrin, son découragement.

Les hommes et les femmes font sans cesse des échanges entre eux, mais que sont ces échanges ? Dieu seul sait… ou plutôt ce sont les diables qui le savent ! Il n'est pas interdit d'embrasser quelqu'un, au contraire, mais il faut savoir comment et quand l'embrasser pour lui communiquer la vie éternelle.

Ne vous plaignez jamais en pensant que le destin s'acharne sur vous. Et ne vous imaginez pas non plus qu'avec une vie facile, lisse, vous seriez plus heureux. Non, avec une vie facile, lisse, vous stagneriez, c'est tout. Si vous voulez avancer, vous rendre utile, vous devez considérer les choses autrement. Interrogez la nature et vous verrez les réponses qu'elle vous donnera.

Supposez que vous vouliez faire l'ascension d'une montagne. Est-ce que vous pourrez atteindre le sommet si cette montagne est lisse ? Non, vous ne pourrez vous accrocher nulle part et vous allez glisser. C'est grâce aux aspérités que vous arrivez à vous hisser jusqu'en haut. Combien de fois je vous l'ai dit ! L'Intelligence cosmique a laissé partout dans l'univers des indices, des signes pour nous aider à trouver le chemin, pour nous montrer comment avancer, comment travailler. Mais ceux qui n'ont jamais appris à les déchiffrer ne découvrent rien, ils se contentent de subir et de se plaindre.

28 *Janvier*

Considéré du point de vue anatomique, physiologique, le cerveau humain représente le sommet de l'organisation. Mais cela ne signifie pas que tous les êtres humains aient une activité psychique véritablement organisée, car, on le voit, leurs pensées, leurs sentiments ne cessent en eux de s'embrouiller, de se contredire, de se heurter… Et la société, est-elle organisée ? En apparence, oui, tout marche bien : l'eau, l'électricité, le gaz, les voitures, les trains, la poste, la police, les hôpitaux, etc. Mais ce n'est qu'une organisation mécanique, parce qu'il n'existe pas encore cette harmonie qui est indissociable de la notion d'organisation.

En réalité, le mot « organisation » ne peut s'appliquer qu'au monde divin où tout fonctionne sans heurt ni dissonance. Sur la terre, quand on parle d'organisation parfaite, de cerveau organisé, de société organisée, il ne s'agit que d'une organisation physique, matérielle ; dans le domaine psychique, spirituel, c'est souvent encore le désordre.

29 Janvier

Quand vient le moment où vous avez décidé de prier, de méditer, vous avez souvent la tête ailleurs. Puis, quand vous avez à vous occuper de vos affaires, vous vous dites : « Ah, je sens que je devrais me recueillir », et là encore vous êtes distrait et vous faites mal votre travail.

Observez-vous : vous verrez combien de fois votre état d'esprit n'est pas en accord avec ce que vous faites. Ce n'est pas en préparant le repas, en faisant la vaisselle ou en conduisant une voiture qu'on doit penser à la méditation. Il faut être présent dans tout ce que l'on fait, car il y a un temps pour tout. Sinon, que ce soit le travail spirituel, le travail intellectuel, le travail physique ou même les distractions, il n'y a plus de temps pour rien, parce qu'on n'a jamais la tête là où il faut, et on n'est jamais vraiment nulle part.

30 Janvier

Si, malgré vos efforts pour suivre un enseignement spirituel, vous rencontrez toutes sortes d'obstacles et de difficultés sur votre route, ne vous découragez pas. La raison en est que les erreurs commises dans vos incarnations passées vous poursuivent jusque dans celle-ci. Alors, maintenant, la meilleure façon de progresser, c'est de placer dans votre tête une idée divine et de mettre tout en œuvre pour la réaliser.

Prenons par exemple les paroles de Jésus dans la prière dominicale : *« Que ta volonté soit faite sur la terre comme au Ciel »*. La terre, c'est aussi chacun d'entre vous, non seulement votre corps physique mais vos corps psychiques, et si vous avez pour idéal d'introduire la splendeur et la perfection du Ciel dans votre existence quotidienne, vous laisserez, partout où vous passerez, des ondes harmonieuses et bénéfiques qui vous feront reconnaître comme des fils de Dieu. Les créatures célestes du monde invisible viendront auprès de vous pour vous soutenir et c'est ainsi que vous arriverez à vous libérer du vieux passé. Donc, au lieu de vous décourager, vous devez travailler doublement afin de vous débarrasser de vos haillons et de revêtir le vêtement de gloire qui est le corps de la résurrection.

31 Janvier

Il arrive qu'en portant ses regards vers la terre, un grand esprit vienne se présenter devant les Seigneurs des destinées, les Vingt-quatre Vieillards, et leur dise : « Voilà, bien que j'aie la liberté de rester ici pour jouir éternellement de toutes les splendeurs du Ciel, donnez-moi l'autorisation de descendre pour aider tous ces êtres humains qui souffrent. » Et ils le laissent descendre.

Mais une fois descendu, il est soumis aux limitations du plan physique : le froid, la faim, la fatigue, la maladie, la mort. Son esprit vient de très haut, mais une fois qu'il a accepté de descendre dans la matière, il doit subir ses lois. Bien sûr, grâce à la puissance de son esprit, il a plus de possibilités pour affronter les épreuves de la vie terrestre que le commun des humains. Mais le monde physique reste le monde physique, et un esprit, aussi grand soit-il, qui décide de s'incarner dans la matière, doit lutter sans cesse pour la dominer et retrouver, intérieurement, la liberté qu'il possédait en haut.

1 Février

Au travers des journaux, de la radio, de la télévision… combien de dégâts sont produits dans la vie sociale par cette tendance déplorable à toujours trouver quelque chose à critiquer chez les êtres ! Quel plaisir peut-on prendre à tellement fixer son attention sur ce qui est ridicule, stupide ou vicieux ? Quel intérêt y a-t-il à fouiller la vie intime des gens pour y découvrir des détails scabreux et les étaler ensuite sur la place publique ?

Le sage tâche d'avoir une autre attitude. Il n'est pas aveugle, il est même très lucide, il ne se laisse pas tromper, mais il considère que l'essentiel chez les êtres, c'est leurs qualités, leurs vertus. Alors, c'est sur ces qualités et ces vertus qu'il fixe son attention, et en faisant cela, il renforce le bien chez les autres et en lui-même.

Que répondre à ceux qui demandent s'ils doivent vivre dans la chasteté, la continence ? Que tout dépend de leur nature profonde et du but qu'ils ont dans la vie. La continence peut donner de très bons résultats, mais aussi de très mauvais : elle peut rendre les uns hystériques, névrosés, malades, et d'autres au contraire forts, équilibrés et bien portants. Ceux qui donnent libre cours à leurs instincts sexuels ont-ils raison ? Sûrement ; s'il n'existe rien de plus important pour eux dans la vie que ce plaisir et s'ils sont incapables de s'en passer, ils ont raison. Mais pour celui qui a de véritables aspirations spirituelles, c'est autre chose : s'il n'apprend pas à maîtriser la force sexuelle, il n'arrivera jamais à réaliser ses aspirations et il se sentira toujours insatisfait.

Donc, dans le domaine de la sexualité, rien n'est ni bon ni mauvais en soi, mais devient bon ou mauvais suivant l'idéal, les aspirations profondes des êtres.

Pensez chaque jour à remercier le Ciel jusqu'à sentir que tout ce qui vous arrive est pour votre bien. Dès maintenant, dites : « Merci Seigneur, merci Seigneur... » Remerciez pour ce que vous avez et pour ce que vous n'avez pas, pour ce qui vous réjouit et pour ce qui vous fait souffrir. C'est ainsi que vous entretiendrez en vous la flamme de la vie. C'est une loi qu'il faut connaître : rien ne peut résister devant la gratitude.

Vous direz : « Mais comment remercier quand on est malheureux, malade, dans la misère ? Nous ne pourrons jamais ! » Si, vous pourrez, et c'est cela le plus grand secret : même malheureux, parvenir à trouver une raison de remercier. Vous êtes pauvre, vous êtes malade ? Remerciez, remerciez, réjouissez-vous de voir les autres riches, en bonne santé, dans l'abondance, et vous verrez... peu après certaines portes s'ouvriront et les bénédictions commenceront à couler sur vous.

Au premier jour de la création, Dieu dit : *« Que la lumière soit ! »* Si on met cette phrase en relation avec le début de l'*Évangile de saint Jean : « Au commencement était le Verbe et le Verbe était avec Dieu et le Verbe était Dieu »,* on fait cette découverte essentielle : la lumière est la substance que le Verbe divin, le premier-né de Dieu, a fait apparaître pour devenir la matière de la création.

Vous direz que lorsqu'on regarde les pierres, les plantes, les animaux et même les humains, on ne voit pas du tout qu'ils sont faits de lumière. Oui, parce que cette lumière en eux s'est tellement condensée qu'elle est devenue opaque. Et si on oppose généralement matière et lumière, c'est parce qu'on ignore que ce que l'on appelle matière est en réalité de la lumière condensée.

Celui qui va faire des achats dans un magasin doit présenter quelque chose en échange de ce qu'il demande. S'il ne veut pas payer, on refuse de lui donner quoi que ce soit. Dans la nature, dans le monde spirituel, tout se passe exactement comme dans les magasins de la terre : pour recevoir il faut donner. Dieu vous dit : *« Si tu veux que j'exauce tes prières, donne-moi ton cœur. »* Et que répondez-vous : « Mais, Seigneur, je ne peux pas, je l'ai déjà donné : j'ai une femme, des enfants (ou une maîtresse adorable), je n'ai plus de cœur à donner. »

Voilà pourquoi vos prières ne sont pas exaucées : vous vous imaginez toujours que vous pourrez recevoir sans rien donner en échange. Non, c'est impossible. Pour obtenir les bénédictions du Ciel, on doit donner au moins une part de son amour, de son attention consciente, de son temps et de ses efforts quotidiens.

Se supprimer n'est pas la meilleure façon d'échapper aux épreuves, aux souffrances. Car en réalité, c'est encore bien pire après. Personne n'a le droit de décider soi-même de sa mort, c'est une désertion qu'on devra payer par d'autres souffrances. Il n'y a pas de place en haut pour celui qui a voulu s'en aller, on ne le reçoit pas : il doit errer dans les régions inférieures du plan astral autant de temps qu'il lui restait à vivre sur la terre.

L'attitude de celui qui décide de mettre fin à ses jours révèle chez lui de grands défauts. D'abord, il est ignorant, car il ne voit pas la raison des épreuves qu'il doit subir. Ensuite, il est orgueilleux, puisqu'il pense savoir mieux que le Ciel les conditions qu'il méritait. Enfin, il est faible, car il ne supporte pas les difficultés. Donc voilà : l'ignorance, l'orgueil et la faiblesse. Et le Ciel est mécontent parce qu'il a abandonné son poste. Le Ciel ne peut pas estimer celui qui prend la décision de se supprimer, car il se place au-dessus des Seigneurs de toutes les destinées, et il a ensuite à subir de grandes souffrances.

Le Créateur a mis le feu, l'air, l'eau, la terre, la nourriture à la disposition des humains… Mais dans quel état sont-ils alors qu'ils mangent, boivent, respirent ? Par exemple, ils inspirent de l'air : se demandent-ils de quels éléments cet air sera imprégné au moment où ils le rejetteront ? Bien sûr, ce sera de l'air vicié. Mais il ne le sera pas autant s'ils se montrent bons, généreux, pleins d'amour, alors que l'air qui sort des poumons du méchant contamine tout sur son passage.

Que ce soit l'air, l'eau, la nourriture, nous sommes responsables de la manière dont nous avons imprégné la matière qui passe à travers notre corps et que nous rejetons ensuite. Nous la rendons à la nature qui la transforme et l'utilise à nouveau pour son travail. Le disciple qui veut participer consciemment au travail de la nature se préoccupe de lui renvoyer une matière qui ne sera pas polluée par les miasmes de sa vie psychique.

Je ne prêche pas l'abandon du monde et de la vie en société pour consacrer tout son temps à la méditation et à la prière. D'autres enseignements l'ont fait et ils avaient leurs raisons pour cela. Mais le but de l'enseignement de la Fraternité Blanche Universelle est différent, sa tâche est différente : il ne s'agit pas de gagner quelques personnes et de les entraîner sur un chemin purement spirituel et mystique ; notre enseignement veut toucher le monde entier, entraîner le monde entier, et on ne peut pas entraîner le monde entier sur un chemin qui est seulement pour quelques-uns.

Et puisque le but de l'Enseignement est différent, ses méthodes aussi sont différentes. Il est souhaitable que tous les hommes et les femmes puissent travailler, fonder une famille et se manifester comme des êtres sociaux ; mais en même temps, il faut qu'ils aient aussi une discipline, des méthodes pour améliorer cette vie familiale et sociale. Combien en sont encore au point où, s'ils se lancent dans la vie spirituelle, ils laissent péricliter leurs affaires, et s'ils s'occupent de leurs affaires, c'est la vie spirituelle qui périclite ! Eh non : les deux, il faut réunir les deux.

On a représenté les esprits des ténèbres avec des cornes, une queue fourchue et tous les chaudrons de l'Enfer, mais ce n'est pas ainsi qu'ils s'adressent aux humains, car ils n'ont pas intérêt à les effrayer. En réalité ils s'insinuent en eux sous la forme de promesses alléchantes : tous leurs désirs seront satisfaits. Et ils insistent jusqu'à ce que, comme un fruit trop mûr, les malheureux naïfs tombent dans leurs pièges. Voilà comment ils arrivent à s'imposer : par la promesse de pouvoirs, de plaisirs, d'argent.

Quant aux esprits de la lumière, ils disent : « Il se peut qu'en nous écoutant vous n'obteniez ni la gloire, ni les richesses, parce que c'est le Prince de ce monde qui en est le dépositaire. Mais nous, nous avons autre chose à vous donner : la lumière, la paix, le savoir et surtout la vie, la vie abondante. Est-ce que vous voulez venir avec nous ? » Si vous êtes éclairé, si vous possédez un véritable discernement, vous écoutez la voix des esprits célestes ; sinon, bien sûr, vous tombez dans les pièges des esprits ténébreux.

Qu’est-ce qui pousse les humains à sortir de chez eux pour visiter leur famille ou leurs amis, pour regarder les magasins, se promener dans les jardins ou dans la campagne ? Tout simplement le besoin de faire des échanges avec d’autres êtres humains, avec la nature, parce que ces échanges sont absolument nécessaires et indispensables à la vie. « Mais alors, direz-vous, les ascètes, les ermites qui se retirent dans les déserts, dans les grottes pour fuir le monde, ils ne font plus d’échanges ?… » Si, ils suppriment certains échanges pour faire des échanges d’une autre nature, pour ouvrir leur âme et leur esprit à des influences plus subtiles.

Dès qu’on se ferme à une influence, on s’ouvre automatiquement à une autre. Vous ne voulez plus rien voir ni entendre dans le plan physique ? Vous faites alors l’expérience d’une autre forme de vision, d’une autre forme d’audition. Vous recevez des impressions nouvelles des mondes de l’âme et de l’esprit. Les échanges sont la base même de la vie, et celui qui apprend à faire des échanges dans le plan spirituel connaît la vraie vie.

11 Février

Beaucoup de temps et surtout beaucoup de travail sont nécessaires avant d'obtenir des résultats dans la vie spirituelle. Regardez combien de millions d'années il faut aux pierres pour devenir des plantes… Combien de millions d'années il faut aux plantes pour devenir des animaux… Et aux animaux, combien de millions d'années pour devenir des hommes…

Évidemment, d'un règne à l'autre le temps diminue, il faut énormément de temps aux pierres, moins aux plantes, moins aux animaux… et moins encore aux hommes pour devenir des surhommes ou des anges. Car avec chaque règne les possibilités, les facultés augmentent. Même si le temps diminue, il faudra encore des centaines de milliers d'années avant que les humains arrivent à devenir pareils aux anges, mais si vous vous mettez consciemment au travail, vous pouvez raccourcir ce temps.

Un thème astrologique ne tient généralement compte que du moment où un enfant naît dans le plan physique. Mais cela ne suffit pas, car on ne peut pas prévoir la destinée d'une créature d'après ces seules indications. Il faudrait aussi connaître le moment de sa conception, car c'est là que commence sa venue au monde, mais encore celui de sa deuxième naissance, c'est-à-dire le moment où l'être illuminé, renouvelé, accède au plan divin, le moment où sa conscience devient superconscience, conscience du Christ.

Mais s'il est préférable de choisir un moment favorable dans le ciel pour concevoir un enfant sur la terre, il n'est pas nécessaire d'étudier l'astrologie pour décider du moment de sa seconde naissance. Si un être vit d'après les lois de l'amour, de la sagesse et de la pureté, cela suffit pour qu'il naisse une deuxième fois, qu'il entre dans la vie nouvelle, le Royaume de Dieu.

La patience n'a jamais été une vertu très pratiquée, et à notre époque elle l'est de moins en moins. La façon dont on comprend l'existence, ce besoin que tout aille de plus en plus vite, fait que l'on considère la patience comme un frein et les gens patients comme des imbéciles, des mous, des endormis.

Mais oui… c'est ce que disent au sujet des gens patients ceux qui sont plongés dans l'action ou dans les affaires. L'homme capable doit se montrer pressé, pressé d'entreprendre, pressé de réussir : il faut prendre les concurrents de vitesse, il faut être le premier à occuper la place sans se préoccuper des dégâts qu'on peut faire sur son passage… Mais les dégâts, on les fait aussi en soi-même ; cette tension, cette précipitation ne peuvent avoir que des conséquences nocives : la nervosité, la fébrilité, l'irritabilité, etc. Un proverbe bulgare dit que seuls sont sauvés ceux qui savent attendre jusqu'à la dernière minute. Exercez-vous donc à la patience. Comment ? Déjà en souhaitant sincèrement acquérir cette qualité.

14 Février

Les véritables changements ne peuvent pas se produire depuis la base, mais seulement depuis le sommet. C'est pourquoi, pour produire des changements en nous et dans le monde, nous devons atteindre le plus haut sommet de nos montagnes intérieures.

Et quel est ce sommet en nous ? Notre corps causal.* C'est jusque-là que nous devons nous élever pour formuler nos demandes, nos souhaits : ils s'imprègneront de la matière de ces régions, qui est la plus subtile, la plus pure et donc la plus puissante. Imprégnés de cette matière, ils pourront se réaliser et apporter de grands changements en nous et dans le monde.

* Voir note et schéma, p. 372 et 373.

15 Février

Manger, se vêtir, se loger, gagner de l'argent, se marier, avoir quelques enfants… voilà les préoccupations de la plupart des humains. Tout tourne autour de leurs satisfactions et de leur bien-être personnel. De temps en temps ils font, bien sûr, quelque chose pour la société, mais en général, ils travaillent pour eux-mêmes. Or, qu'ils le veuillent ou non, ils vivent dans une collectivité, et si dans cette collectivité éclate une révolution, une émeute, une guerre, leurs biens individuels ne peuvent pas être en sécurité. Donc, même s'ils ont bien arrangé leurs propres affaires, en réalité elles ne sont jamais arrangées, parce qu'il y a toujours quelques inconvénients qui peuvent venir de la collectivité et tout détruire. L'histoire en fournit tellement d'exemples ! Combien de personnages étaient tellement puissants et riches que rien ne semblait devoir les atteindre, mais des troubles se produisaient dans la société et ils finissaient par tout perdre, même la vie.

Chacun doit donc penser comment il peut contribuer à l'amélioration de la vie collective. C'est à cette condition qu'il sera en sécurité. Car seule la vie collective, qui englobe tous les individus, peut leur garantir la sécurité et l'abondance.

16 Février

Il suffit de se promener dans les rues pour voir que la civilisation actuelle est essentiellement fondée sur les besoins du corps physique. Il faut certainement prendre soin du corps, mais si on se contente de le satisfaire en oubliant l'existence de l'âme et de l'esprit, privés de nourriture, ceux-ci s'étiolent. Chez bien des humains on ne voit plus ni âme ni esprit, mais seulement des corps qui se nourrissent, se déplacent et gesticulent.

Le corps physique est vulnérable, périssable, alors que peut apporter une philosophie fondée sur les besoins de quelque chose d'aussi fragile ? Une telle philosophie est non seulement erronée mais dangereuse ; en privant l'être humain de ce dont il a le plus besoin : fonder son existence sur le principe stable, immuable et éternel de l'esprit, elle l'entraînera à sa perte.

17 Février

Quelle puissance possède l'être humain grâce à la parole ! Par sa seule parole il peut obtenir autant de résultats que par tout autre moyen matériel : il peut construire et il peut détruire ; il peut rassembler et il peut diviser ; il peut rétablir la paix ou déclencher la guerre ; il peut guérir ou donner la mort… Cette puissance de la parole vient de ce qu'elle est produite par la bouche où les deux principes masculin (la langue) et féminin (les deux lèvres) travaillent ensemble pour créer. La parole est leur enfant.

Quand l'androgyne primitif a été, d'après la tradition, séparé en deux, on peut dire que, symboliquement, la femme a gardé les lèvres, le principe féminin, et l'homme a gardé la langue, le principe masculin. C'est pourquoi, pour pouvoir retrouver maintenant leur puissance originelle, ils se cherchent sans cesse pour s'unir. Oui, c'est là l'origine lointaine de cette impulsion qui fait que les hommes et les femmes se cherchent. Même si on voit souvent cette recherche prendre la forme du plaisir et de la distraction, son sens profond, c'est de retrouver l'unité du Verbe, l'unité du principe créateur qui est mâle et femelle.

Combien de gens considèrent qu'être libre consiste à ne dépendre de rien ni de personne. Les malheureux, ils ne connaissent pas les dangers qu'ils courent : comme ils n'ont rien dans la tête et dans l'âme qui les remplisse, il y a partout en eux des endroits vides où tout ce qui est négatif, ténébreux, est prêt à s'engouffrer. Ils souhaitaient être libres, oui, mais la réalité c'est qu'ils finissent par être complètement submergés par d'autres forces qu'ils ne connaissent pas.

Combien de fois on a pu le constater ! Tous ceux qui n'ont pas dans la tête une idée divine, le Diable leur trouve du travail : des bêtises, des folies, des aventures dangereuses avec les conséquences qui s'ensuivent... Oui, parce qu'ils étaient « libres » soi-disant ! Il faut être engagé, rempli, occupé, pris par le Ciel, c'est à ce moment-là seulement qu'on est à l'abri et vraiment libre. Que ce soit bien clair : nous ne trouverons la liberté que dans notre engagement, dans notre soumission au Ciel.

19 Février

La vie spirituelle suppose la maîtrise des sentiments et des pensées. Mais pour arriver à maîtriser ses sentiments et ses pensées, il faut commencer par surveiller les moindres gestes que l'on fait dans la vie quotidienne. C'est ainsi qu'on acquiert peu à peu des possibilités psychiques qui permettront de maîtriser ensuite des courants plus puissants. Vous direz que vous ne voyez pas le rapport. Eh bien, c'est là justement l'erreur : tant que vous n'avez pas appris à vous maîtriser dans les tout petits détails de la vie quotidienne, vous ne pourrez pas dominer la colère, le mépris, la convoitise, le dégoût, le besoin de vengeance…

Déjà, si vous faisiez attention à la façon dont vous parlez, vous vous seriez aperçu que vous n'êtes même pas capable de maîtriser vos mains : vous les remuez dans tous les sens, vous vous grattez, vous tirez sur les boutons de vos vêtements… Commencez par apprendre à tenir vos mains tranquilles. Comment voulez-vous arriver à maîtriser des puissances qui vous dépassent, alors que vous n'arrivez pas à contrôler vos mains ?

Dans un passage de l'*Apocalypse,* saint Jean mentionne quatre êtres vivants qui se tiennent autour du trône de Dieu. Ces quatre êtres vivants qui ont chacun six ailes et qui sont remplis d'yeux, la tradition chrétienne les appelle les séraphins. Jour et nuit ils ne cessent de répéter : « Saint, saint, saint est le Seigneur Dieu, le Tout-Puissant, qui était, qui est, et qui vient ! » Si les séraphins, qui sont au sommet de la hiérarchie angélique, ne cessent de proclamer la sainteté de Dieu, c'est que le mot « saint » est celui qui caractérise le mieux l'essence de la Divinité. Mais il a été si souvent employé pour désigner seulement des hommes ou des femmes qui manifestent quelques vertus de patience, de bonté, de miséricorde, qu'on a perdu son sens véritable.

Pour mieux comprendre ce qu'est la sainteté, on peut se tourner vers les langues slaves. En bulgare, par exemple, les mots « svet » (saint) et « svetost » (sainteté) ont la même racine que le mot lumière : « svetlina ». La sainteté est donc une qualité de la lumière. Dans ce sens, on peut dire que seul Dieu est véritablement saint, parce qu'Il est pure lumière. C'est ce que répètent les séraphins, et c'est pourquoi la sainteté est aussi inscrite dans leur nom qui est, en hébreu, *Hayoth haKodesch :* Animaux de sainteté (animaux étant évidemment pris dans le sens de « êtres vivants »).

On se sert du plomb pour faire écran à certaines vibrations nocives, mais l'or possède un pouvoir de protection bien supérieur au plomb, et on pourrait aussi en faire des écrans afin de ne recevoir que des influences favorables et même amplifier ces influences. Oui, imaginez une toute petite cellule tapissée de feuilles d'or où on pourrait aller se recueillir afin de faire un travail bénéfique pour soi-même et pour le monde entier… Cela vaudrait la peine de tenter une telle expérience, mais comme cette installation serait hors de prix, pour le moment en tout cas, c'est évidemment exclu.

Alors, en attendant, nous devons au moins prendre conscience de l'or que nous possédons déjà, afin de travailler avec lui. Car nous possédons aussi de l'or dans notre corps physique. Oui, notre sang contient de l'or, et cet or que nous avons dans le sang nous donne de l'énergie pour travailler, donc pour acquérir des richesses. Et il nous tient aussi à l'abri de la maladie, car il émet une sorte de vibration qui s'oppose à l'intrusion des microbes et des virus. Enfin, sous une autre forme, l'or illumine notre conscience ; avec cet or nous recevons la sagesse et nous pénétrons les secrets de la nature. Il est sans doute utile d'amasser de l'or dans ses coffres, mais il est tellement plus utile, indispensable, d'augmenter l'or en soi-même !

Il existe des personnes en apparence tout à fait convenables, elles ne transgressent jamais une loi humaine, elles ont bien trop peur d'être prises et condamnées, mais elles n'ont aucune crainte de transgresser les lois divines. Or, les lois divines sont en réalité beaucoup plus terribles que les lois humaines. Si on est assez rusé et malin, ou même si on a de la chance, on peut toujours échapper aux lois humaines, tandis que les lois divines, personne n'a jamais pu leur échapper.

Au-dessus de l'être humain et de sa petite intelligence, il existe une autre Intelligence qui surveille, qui enregistre, et c'est pourquoi les malfaiteurs sont toujours repérés et punis, car à leur insu, ils laissent toujours des traces quelque part. Même une pensée, même un sentiment laisse des traces. Un homme se rend dans un lieu, il n'y commet aucun acte répréhensible, mais il se laisse aller à des pensées et à des désirs criminels : ces pensées et ces désirs s'inscrivent dans le monde subtil, et la loi le poursuivra, la loi divine. Bientôt, ces pensées et ces désirs criminels auront d'une façon ou d'une autre des conséquences néfastes sur sa vie psychique et même sur sa vie physique.

Vous voulez écouter un concert, ou une pièce de théâtre, ou les informations : vous tournez le bouton de votre poste de radio jusqu'à ce que vous trouviez la station qui diffuse ce concert, cette pièce de théâtre ou ces informations. De la même façon, dans votre poste de radio intérieur, vous avez la possibilité de choisir les émissions que vous voulez entendre. Mais capter les longueurs d'onde du monde spirituel est tout un apprentissage, sinon, au moment où vous croirez recevoir les mélodies du Ciel, vous allez entendre les cris et les vacarmes de l'Enfer. Si cela arrive, ne restez pas là sans rien faire, dépêchez-vous de changer de longueur d'onde ; par la pensée, par l'imagination, branchez-vous sur une autre station.

Qu'est-ce que prier ? C'est toucher le bouton des longueurs d'onde les plus courtes et les plus rapides qui nous mettent en relation avec le monde divin.

L'être humain est libre de décider s'il veut descendre et se rapprocher des animaux, des plantes, des pierres, ou parcourir le chemin ascensionnel qui, à travers les hiérarchies angéliques, le conduira jusqu'au Créateur.* Pour s'élever, il doit trouver les activités qui lui permettront de remplacer les particules grossières et ternes de ses corps physique, astral et mental,** par des particules de plus en plus lumineuses et pures.

Celui qui se laisse aller à la facilité, à la paresse, à la stagnation, se rapproche de la vie instinctive, végétative, minérale, et il se pétrifie. Tandis que s'il met une plus grande intensité spirituelle dans ses pensées, ses sentiments, ses actes, il change de région, il pénètre dans une autre dimension de l'espace où il découvre une forme de vie qui lui était jusque-là inconnue : il se sent continuellement en contact avec l'amour et la lumière.

* Voir tableau et note, p. 374-376.

** Voir note et schéma, p. 372 et 373.

Symboliquement, dans une famille, le père représente la tête, et c'est pourquoi en principe tout tourne autour de lui. C'est lui qui a la charge de maintenir la cohésion de la famille. Si les membres de la famille ne sont pas liés à cette tête, en harmonie avec elle, ou bien si la tête s'en va, ou encore si elle n'est pas à la hauteur de sa tâche, tout se disloque, la famille périclite. Il en est de même dans un pays : si la tête ne joue pas son rôle ou si elle disparaît, c'est la pagaille. Même les brigands, même les animaux ont compris cela : ils cherchent une tête qui les dirige.

Alors, pourquoi des gens qu'on dit intelligents n'ont-ils pas compris que dans la vie spirituelle aussi, une tête, un Maître, est nécessaire, indispensable ? Que ce Maître soit vivant ou mort, il est la tête qui maintient l'unité de leur vie intérieure.

26 Février

On peut pénétrer dans le monde spirituel par plusieurs voies. La méditation est l'une d'entre elles. Mais méditer suppose une préparation. Celui qui entreprend de méditer sans avoir acquis une certaine discipline intérieure, c'est-à-dire la maîtrise de ses pensées, de ses sentiments, de ses désirs, commence par errer dans les régions inférieures du plan astral.* Là, il remue au passage toutes sortes de couches obscures, peuplées par des entités souvent hostiles aux humains, et ce qu'il vit alors s'appelle délire, fantasmagorie, et non méditation.

Avant de pratiquer la méditation, il faut donc commencer par mettre de l'ordre dans son être psychique, sinon, même cet exercice tellement utile et salutaire peut devenir très dangereux.

* Voir note et schéma, p. 372 et 373.

27 Février

La justice n'est pas une vertu que les humains pratiquent spontanément, c'est pourquoi quand Moïse a mis l'accent sur cette vertu, il leur a fait faire de grands progrès. Ensuite, Jésus est venu pour leur enseigner l'amour, le pardon. Mais faut-il s'arrêter là ? Non, il y a encore un autre degré à atteindre, car en réalité, pardonner ne résout pas tous les problèmes. Si quelqu'un vient vous attaquer, est-il défendu d'être plus fort que lui, de l'empoigner et de le soulever en lui disant : « Alors, tu veux que je te projette par terre ? » Mais vous ne le projetez pas, vous le replacez doucement sur ses pieds. Et il a compris. Évidemment, c'est symbolique ; je veux dire par là qu'il faut être plus fort que ses ennemis, les immobiliser par un geste, une parole, un regard. Vous ne les maltraitez pas, vous les aidez même en leur donnant une leçon magnifique.

Pour obtenir cette force spirituelle, vous devez prier, méditer, vous exercer, en prenant le soleil pour modèle. Alors, au contact de votre chaleur, de votre lumière, qui pourra vous toucher sans se brûler ? Les ennemis resteront loin, ils n'oseront plus s'approcher. Devant la puissance spirituelle, on est toujours obligé de capituler. Après la justice, après l'amour et le pardon, l'être humain doit encore conquérir la vraie force.

On définit généralement le silence comme l'absence de bruit, d'agitation. Non, le véritable silence est beaucoup plus qu'une absence de bruit, il est même au-dessus de la parole, au-dessus de la musique, c'est un monde de lumière, un centre puissant d'où jaillissent toutes les créations.

Le silence est la véritable expression de Dieu. Plongez-vous en lui en vous efforçant d'arrêter votre pensée. Vous sentirez une telle harmonie se répandre en vous qu'il se peut, à ce moment-là, que Dieu commence à vous parler. Car c'est seulement au sein du silence et de l'harmonie que Dieu accepte de faire entendre sa voix.

Tellement d'accidents, de malheurs arrivent aux humains parce qu'ils ne voient pas les dangers qu'ils courent en prenant certaines décisions, en se lançant dans certaines entreprises ! Ils partent tranquillement sans rien voir, sans rien prévoir, et ils se jettent droit dans les difficultés. S'ils avaient su développer leur œil intérieur, il les aurait avertis, car cet œil que l'on appelle quelquefois le troisième œil est comme un radar : il envoie des ondes qui, en revenant, nous préviennent des obstacles qui se présentent sur notre route. Mais chez la plupart des gens ce radar est en panne, parce que la vie désordonnée qu'ils mènent s'oppose à son bon fonctionnement.

Il est vrai qu'il y a des cas où cet œil spirituel, même développé, ne nous prévient pas : lorsque certains événements sont déterminés d'avance par les Vingt-quatre Vieillards, les Seigneurs des destinées, et qu'ils doivent obligatoirement se réaliser. Même si nous les voyons ou les sentons venir, nous ne pouvons pas les éviter et nous devons les affronter à la lumière de la Science initiatique. Mais sinon, en général, si nous avons su lui préparer les conditions, cet œil spirituel est là pour nous avertir et nous guider.

L'arbre comme symbole de l'univers se retrouve dans la plupart des traditions spirituelles. Depuis les racines jusqu'aux fruits en passant par le tronc, les branches, les feuilles et les fleurs, toutes les créatures ont une fonction quelque part sur cet arbre… Toutes les existences, toutes les activités, toutes les régions trouvent leur place sur l'arbre de la vie.

À différentes époques de l'année, les feuilles, les fleurs et les fruits tombent de l'arbre ; ils se décomposent et deviennent de l'humus qui est, peu à peu, absorbé par les racines. Il en est de même des êtres. Quand un homme meurt, il retourne à la terre originelle, mais bientôt il réapparaît dans quelque partie de l'arbre. Rien ne se perd, les êtres disparaissent et réapparaissent sans cesse sur l'arbre cosmique de la vie.

Il est nécessaire que les parents et les éducateurs se montrent fermes avec les enfants, sinon les enfants vont abuser de leur indulgence, de leur faiblesse, et ce ne sera pas de leur faute. Si personne ne montre à un enfant qu'il y a des règles à respecter, si très jeune déjà il a l'impression que tout peut plier devant ses caprices, comment voulez-vous qu'il obéisse ensuite aux grandes lois de la nature ? Il n'obéira pas, et c'est normal. Il voudra tout braver, tout casser, se perdre même, à condition de ne pas céder. Parce que c'est ainsi qu'il aura été éduqué, et ce ne sera donc pas lui le coupable.

Alors, que les parents soient vigilants, et qu'ils n'essaient pas d'éviter à l'enfant toutes les petites leçons susceptibles de le faire réfléchir. Il pleurera un peu, ils le consoleront, mais il aura compris, et il saura pour toute sa vie qu'il y a des lois à respecter.

4 Mars

Parce que l'être humain se manifeste à travers un seul corps, son corps physique, on a tendance à croire qu'il est habité par une seule entité, et pourtant l'existence quotidienne ne cesse de prouver le contraire. À tour de rôle viennent se manifester à travers lui des entités totalement différentes, et c'est pourquoi il peut apparaître successivement intelligent ou stupide, bienveillant ou cruel, généreux ou avare, modeste ou vaniteux, etc. Ce mélange d'éléments tellement disparates qui constituent chaque être humain reste une énigme même pour les philosophes et les psychologues. Et pourtant, cela s'explique très simplement par le fait que dans cette existence, ou dans des existences antérieures, c'est l'être humain lui-même qui a attiré ces différentes entités.

Il ne faut donc pas vous étonner lorsque vous voyez quelqu'un manifester des tendances ou avoir des réactions contradictoires. Et en ce qui vous concerne, vous devez vous observer attentivement pour bien discerner chaque fois quelle est l'entité qui parle ou qui agit à travers vous. Ce n'est pas parce que vous savez, à certains moments, vous conduire avec bonté ou sagesse que vous êtes impeccable tout le reste du temps et que les autres doivent toujours vous approuver.

De tous ceux qui se font remarquer par des capacités intellectuelles, artistiques, médiumniques, etc., on dit qu'ils possèdent un don. Qu'est-ce qu'un don ? Une entité spirituelle qui est entrée chez un être pour l'aider et travailler à travers lui. Bien sûr, jamais les psychologues n'admettront que les talents, les capacités sont des entités qui habitent les humains. Pourtant, la preuve que ce n'est pas eux qui font ces merveilles, mais d'autres à travers eux, c'est qu'ils peuvent perdre ce don. C'est arrivé à beaucoup : en vivant une vie désordonnée, ils l'ont perdu.

Voulez-vous attirer des entités supérieures qui viendront se manifester en vous sous forme de qualités, de talents ? Introduisez en vous la lumière, l'harmonie, la paix : ce sont les conditions indispensables pour attirer ces entités. Elles sont là qui attendent, et quand elles voient un être qui a su leur préparer une demeure digne d'elles, avec quelle joie elles pénètrent en lui pour l'enrichir, l'embellir, et enrichir et embellir aussi les autres à travers lui !

Depuis un siècle les sciences et les techniques, donc aussi la science et les techniques médicales, ont fait d'immenses progrès. Mais quels que soient ces progrès, si les humains ne sont pas raisonnables, s'ils ne respectent pas certaines lois, d'une façon ou d'une autre ils seront malades, ils souffriront et feront souffrir les autres.

Combien, même parmi les croyants, se sont indignés de la cruauté du Dieu de l'Ancien Testament, dont il est dit qu'Il punit non seulement celui qui a transgressé les lois, mais aussi sa descendance jusqu'à la quatrième génération ! Eh bien, ce Dieu-là n'est autre que la nature. Car la nature n'est pas en dehors de Dieu, elle n'est pas séparée de Dieu. Dieu est un père, mais Il est aussi une mère sévère qui pose à ses enfants des limites à ne pas dépasser. S'ils les dépassent, on dit que la nature les punit ; mais en réalité, non, c'est eux qui, en transgressant les lois, sont sortis de l'enceinte où ils étaient à l'abri et protégés. En sortant de cette enceinte, ils ont créé de mauvaises conditions pour eux ainsi que pour tous ceux qui dépendent d'eux. Et même si la médecine a fait d'immenses progrès, elle est impuissante pour ceux qui s'obstinent à transgresser les lois.

Ne vous imaginez pas que le Ciel, émerveillé de vous voir devenu membre d'une Église ou d'un autre mouvement spirituel, va venir vous faciliter l'existence, vous épargner les épreuves. Non, que vous soyez spiritualiste ou matérialiste, vous vous heurterez aux difficultés de la vie. Mais continuez à avancer, en sachant que les épreuves que vous aurez à affronter vous purifieront, vous renforceront, parce que vous aurez appris une meilleure façon de les considérer.

En acceptant un enseignement spirituel, le pauvre ne devient pas riche, l'ignorant savant, le malade bien portant, le faible fort, et le méprisé ou méconnu ne reçoit pas honneur et gloire. Vous voilà prévenu ! Et il se peut même qu'à un moment donné vous vous sentiez encore plus mal qu'avant. Pourquoi ? Parce que la vie nouvelle qui commence à circuler en vous s'occupe d'abord de faire du nettoyage, et alors, quel remue-ménage ! Autant il est souhaitable que vous preniez la décision de donner une meilleure orientation à votre vie, autant vous devez savoir d'avance que cette décision va produire en vous des bouleversements. Sinon, ne comprenant pas ce qui vous arrive, vous retournerez à votre ancienne vie, et tout sera à recommencer.

Les êtres humains sont tellement différents les uns des autres ! Mais cette différence ne vient pas de ce que leurs esprits sont différents, non, tous les esprits sont des flammes. De même que les gouttes d'eau qui jaillissent de l'océan possèdent des qualités et des propriétés identiques parce qu'elles ont une origine commune, de même tous les esprits sont des étincelles jaillies du sein de l'Éternel et sont semblables à Lui.

Les esprits sont donc identiques, mais en quittant le sein de l'Éternel, comme ils avaient des missions différentes à remplir, ils ont dû suivre des itinéraires différents, traverser des régions différentes. Ils ont ainsi vécu des aventures différentes et enregistré des impressions et des connaissances différentes. C'est leurs expériences qui sont différentes, mais dans leur essence, dans leur quintessence, dans leur nature sublime, ils sont identiques.

On raconte que sous le règne du sultan ottoman Mehmet II, dit le Conquérant, un guerrier s'était rendu célèbre par les vingt-deux victoires qu'il avait remportées sur les armées ennemies. C'était l'époque où l'on se battait avec des sabres, et alors un jour, le sultan demanda qu'on lui apporte ce sabre toujours vainqueur qui, d'après lui, devait posséder quelques particularités exceptionnelles. On le lui apporta donc. Il le saisit, le tourna, le retourna… Or, c'était un sabre tout à fait ordinaire, et le sultan, déçu, le renvoya en disant qu'il n'avait rien à faire d'une arme aussi quelconque. Lorsque le héros qui était sorti vainqueur de tant de combats apprit la réaction du sultan, il s'exclama : « Mais il n'a vu que le sabre, il n'a pas vu mon bras. C'est mon bras qui a remporté les victoires ».

Moi, je vous donne aussi un sabre, c'est-à-dire des méthodes spirituelles efficaces, mais à condition que vous les appliquiez. Même un tout petit couteau peut faire des merveilles si on s'exerce tous les jours à le manipuler, et une seule allumette peut embraser une ville entière. Avec une méthode en apparence insignifiante, on peut faire aussi un immense travail : tout est dans le bras, c'est-à-dire la volonté.

Si vous n'avez pas mangé depuis vingt-quatre ou quarante-huit heures et qu'on vous apporte un fruit, à peine l'avez-vous goûté que vous recevez déjà des énergies, et votre pensée est plus lucide, vos sentiments plus chaleureux. D'où cette énergie a-t-elle pu venir ? Avant que la nourriture n'arrive dans l'estomac pour y être digérée, dès son contact avec la bouche, le système nerveux est déjà nourri.

Mais quels sont parmi les scientifiques ceux qui s'arrêtent à étudier ce côté subtil de la nutrition ? Les physiciens révèlent que, de la fission d'un atome, cette particule infinitésimale de matière, ils peuvent tirer suffisamment d'énergie pour faire fonctionner de puissantes machines, et tout le monde est émerveillé. Mais qu'un phénomène analogue puisse se produire avec la nutrition dont nous sommes chaque jour les acteurs et les bénéficiaires, qui s'en occupe ? Qu'une parcelle de matière que nous recevons suffise à remplir tout notre être d'énergies pures, cela n'intéresse personne, et d'ailleurs on n'y croit même pas. Mais dites-moi : pour quelles raisons l'être humain, qui a été créé à l'image de Dieu, devrait-il faire moins que les chercheurs en physique nucléaire ?

11 Mars

C'est le propre des philosophes, des artistes, et même de certains hommes de science que de vivre davantage dans leur monde intérieur que dans le monde extérieur. Mais comme ils ne savent pas toujours maîtriser ce monde intérieur, beaucoup sont entraînés sur des voies dangereuses, des voies sans issue où ils se perdent, parce qu'ils n'ont pas une philosophie véridique pour leur indiquer le chemin. Ils disent toujours : « D'après moi, ceci… D'après moi, cela… Moi, je pense que… » Et certains qui s'imaginent être de grands créateurs, de grands novateurs, ne sont que des anarchistes, tout simplement, car ils s'opposent aux lois immuables de la nature.

Il existe une philosophie éternelle que les Initiés se transmettent d'âge en âge. Et notre travail ici, est de nous approcher de plus en plus de cette philosophie. Cela ne signifie pas que nous ne devons plus avoir notre propre façon de nous exprimer. Nous pouvons nous exprimer, nous pouvons être original, unique même, mais tout en étudiant et en appliquant la philosophie des Initiés.

L'être humain est placé à la limite des mondes supérieur et inférieur. La religion chrétienne a exprimé cette idée par l'image de l'ange gardien qui se tient à sa droite et du démon qui se tient à sa gauche. L'ange conseille l'homme, l'éclaire, tandis que, de son côté, le démon veut l'induire en erreur pour pouvoir faire de lui sa victime. C'est une façon un peu simple de présenter les choses, mais elle correspond à une réalité.

Ces deux mondes supérieur et inférieur à la limite desquels l'être humain se trouve placé, ce sont ses deux natures, inférieure et supérieure. D'après son degré d'évolution, il donne la prépondérance à l'une ou à l'autre, et c'est ainsi qu'il entre en contact avec les esprits des ténèbres ou avec les esprits de la lumière. Certains diront qu'ils ne croient pas aux entités du monde invisible. Qu'ils y croient ou non, cela ne change rien : leur nature inférieure et leur nature supérieure sont là et il est impossible de ne pas les voir se manifester. À chacun de savoir sous quelle influence il veut se placer.

On raconte qu'après avoir longtemps médité sur l'immensité de Dieu qu'il n'arrivait pas à concevoir, un disciple alla voir son Maître et lui demanda : « Pourquoi Dieu est-Il tellement grand ? » Le Maître répondit : « Dieu est grand parce qu'Il s'occupe aussi des plus petites choses. »

De cette affirmation on peut conclure que tous ceux qui méprisent les humbles, les pauvres, les malheureux, les ignorants, n'accéderont jamais à la véritable grandeur. Lorsque Jésus laissait venir à lui les malades, les déshérités, les pécheurs et même les prostituées, ou qu'il prenait des enfants dans ses bras, il montrait qu'il connaissait cette loi. Ceux qui ne veulent fréquenter que les riches, les savants, les puissants et dédaignent tous les autres, ne connaîtront jamais la grandeur de Dieu.

On peut définir la vie comme le résultat des échanges que nous faisons avec toute la nature. La vie n'est faite que d'échanges. Les manifestations les plus évidentes en sont la nutrition et la respiration, et si ces échanges sont entravés, il s'ensuit l'affaiblissement, la maladie et la mort. Mais les échanges que nous devons faire pour vivre ne se limitent pas à la nutrition et à la respiration. Ou plus exactement, ils consistent à se nourrir et à respirer aussi dans les différentes régions de l'univers pour alimenter nos corps subtils : les corps éthérique, astral, mental, causal, bouddhique, atmique.*

Quand vous comprendrez comment il est possible de trouver dans l'univers la nourriture qui convient à vos différents corps, vous sentirez votre vie comme une immense symphonie. Mais il faut d'abord commencer par rétablir les communications, afin que les courants d'énergies puissent circuler entre l'univers et vous. Et le rétablissement de ces communications ne peut se faire que par un travail de la pensée.

* Voir note et schéma, p. 372 et 373.

Le pouvoir royal a pour insigne le sceptre et le globe. Chaque fois qu'un personnage est représenté avec un sceptre dans la main droite et un globe dans la main gauche, on sait qu'il s'agit d'un personnage royal. Mais que connaît-on de la signification profonde de ces deux objets ? Et les monarques eux-mêmes la connaissent-ils vraiment ?

On considère généralement que le sceptre est le symbole de l'autorité et le globe celui du territoire sur lequel s'exerce cette autorité. En réalité, cela va encore plus loin. Le sceptre et le globe représentent l'activité des deux principes masculin et féminin. Le principe masculin est toujours symbolisé par une ligne droite (un sceptre, un caducée, une lance, une épée, un pilier, un arbre), et par la main droite. Et le principe féminin est symbolisé par une ligne courbe (tout objet creux ou arrondi, une sphère, un vase, une coupe ou encore un abîme, une grotte), et par la main gauche. Tenir le sceptre et le globe signifie que l'on comprend les deux principes et qu'on sait travailler avec eux.

Nos organes des sens, la peau, les yeux, les oreilles, le nez, etc., nous mettent en contact avec le monde physique ; celui qui néglige de s'en servir se limite énormément dans ses activités. Et ce qui est vrai pour le plan physique est aussi vrai pour le plan spirituel : celui qui n'a pas développé les organes destinés à le mettre en contact avec le monde spirituel, n'a aucun moyen de le connaître et de travailler. Malheureusement, c'est le cas de la plupart des humains : ils n'ont pas encore développé ces organes, et c'est pourquoi sous prétexte qu'ils n'ont rien vu ni senti du monde spirituel, ils se croient autorisés à dire qu'il n'existe pas. Des appareils scientifiques ont révélé depuis longtemps que d'innombrables vibrations sonores et lumineuses échappent à notre perception, et là personne ne se permet de le nier. Alors, pourquoi nier la réalité du monde spirituel sans avoir cherché à l'étudier ?

L'être humain est limité dans ses perceptions, mais il l'est encore tellement plus dans ses raisonnements ! Maintenant, il faut au moins qu'il décide de dépasser ses limites, car nier l'existence de ce qu'il ne voit pas avec ses yeux ou n'entend pas avec ses oreilles physiques, ne peut que retarder son évolution.

L'Intelligence cosmique est patiente, mais on ne peut pas s'opposer impunément à ses lois ; fatalement il arrive un moment où on est détruit. « L'Intelligence cosmique est bien cruelle, direz-vous, si elle anéantit les créatures qui s'opposent à elle. » Non, l'Intelligence cosmique n'est pas cruelle, elle n'a jamais voulu détruire personne. Mais si, par ignorance ou par mauvaise volonté, l'homme se heurte à l'ordre qu'elle a établi, les forces auxquelles il s'affronte sont si puissantes qu'il est renversé. Un pauvre bougre qui croirait pouvoir tenir tête à toute une armée serait vite terrassé. Et si l'oiseau qui va se heurter plusieurs fois contre une vitre tombe assommé sur le sol, ce n'est pas la vitre qui est responsable.

Les humains agissent avec autant d'imprévoyance que l'oiseau : ils luttent contre les lois divines, contre la splendeur de l'univers, sans se douter que c'est la dislocation qui les attend. Ce n'est pas l'Intelligence cosmique, ce n'est pas Dieu qui les anéantit, c'est eux-mêmes parce qu'ils ont cru pouvoir lutter contre des puissances qui les dépassent.

Il est tellement inutile de discuter sur l'existence ou la non-existence de Dieu ! La question est en réalité très simple. Pour l'incroyant, c'est vrai, Dieu n'existe pas. Car il dépend de l'homme que les choses existent ou non. Vous dormez : même si tous les trésors du monde sont entassés autour de vous, puisque vous n'en êtes pas conscient, c'est comme s'ils n'existaient pas. Presque tous les humains sont ainsi plongés dans le sommeil de l'inconscience. Seuls les Initiés, parce qu'ils sont des êtres vraiment éveillés, voient les splendeurs qui les entourent et s'en réjouissent. Les autres ont les mêmes richesses autour d'eux et en eux, mais ils n'en sont pas conscients.

Tout dépend donc de l'état de conscience. Quand on est éveillé, certaines choses deviennent une réalité, mais quand on s'endort, elles s'effacent. Il en est ainsi de Dieu : si vous êtes endormi, vous ne Le sentez pas et vous dites qu'Il n'existe pas. Mais réveillez-vous et vous sentirez que Dieu est là vivant en vous et autour de vous.

Les prières, le jeûne, les ablutions, etc., toutes les pratiques prescrites dans les religions du monde entier ont pour fonction de préparer les êtres à recevoir correctement les courants et les messages du Ciel. En réalité, le plus important, ce ne sont pas les pratiques elles-mêmes, mais la volonté d'entreprendre un travail intérieur de dépouillement, de purification : améliorer ses pensées, ses sentiments et ses actes.

Celui qui n'est pas décidé à accomplir ce travail ferait mieux de laisser la spiritualité de côté, sinon il deviendra un danger pour lui-même et pour les autres. Tant qu'on ne s'est pas débarrassé de certains préjugés et partis pris, rien n'est plus dangereux que les pratiques religieuses : elles donnent l'illusion à celui qui s'y livre d'être un messager, un instrument du Ciel. C'est ainsi qu'on a vu des gens devenir les bourreaux de leur famille ou même de leur peuple. Seul celui qui a travaillé sur le désintéressement et l'amour des autres est capable d'entendre et de transmettre les messages du Ciel.

Vous connaissez la parabole du festin dans les Évangiles. Un homme riche donnait un grand repas, les invités étaient nombreux. Mais, le moment venu, tous firent savoir qu'ils ne pouvaient répondre à l'invitation : l'un avait acheté des bœufs et devait les essayer, l'autre avait acheté une terre et devait la visiter, un troisième venait de se marier, etc. Très en colère, cet homme riche ordonna à ses serviteurs d'aller chercher par la ville tous les mendiants, les estropiés, les aveugles et de les amener à la salle du festin. Ainsi donc, toute une foule de malheureux arriva pour manger et boire, parce que les autres, les « élus », n'étaient pas libres.

Et c'est à peu près ce qui se passe dans le monde : très peu parmi l'élite sont libres pour se consacrer au travail divin, c'est pourquoi le Ciel est obligé de se contenter de la collaboration des plus démunis.

Même si on vous apporte tous les trésors du monde, pour en bénéficier vraiment il faut que vous sachiez les utiliser, sinon vous resterez intérieurement aussi pauvre que si vous n'aviez rien. Imaginez qu'on vous place devant une table couverte des plats les plus délicieux : même là, il faut au moins faire l'effort de tendre la main pour prendre cette nourriture et la porter à votre bouche, puis la mastiquer. Quoi que l'on vous donne, c'est toujours à vous de faire des efforts, physiques, affectifs, intellectuels, pour vous l'approprier vraiment.

Combien souhaiteraient trouver une méthode extraordinaire qui donnerait des résultats en peu de temps ! Eh bien, non, au contraire : dans la vie spirituelle vous n'avez besoin que de méthodes très simples et de beaucoup de temps. C'est ainsi… Pour acquérir la lumière, la paix, l'amour, la force, faites quelques gestes, quelques respirations profondes, prononcez une formule ou une prière, et peu à peu vous sentirez que vous entrez dans les rythmes de l'harmonie cosmique. À ce moment-là, la Nature vous dira : « Je reconnais ces paroles, ces gestes : ils vibrent en harmonie avec ce qui existe de plus beau et de plus lumineux en moi. Voici, je te donne mes bénédictions. »

Se donner une poignée de mains, s'embrasser ou quelque autre manifestation d'amitié quand on se rencontre, nécessite qu'on y prête une attention spéciale. Sinon, c'est inutile, et pas seulement inutile, mais nuisible. Car cette forme d'inconscience dans les relations humaines a sur le psychisme des uns et des autres des effets négatifs.

Manifester à quelqu'un des signes extérieurs d'affection sans y mettre sa pensée, son âme, cela enlève quelque chose à celui qui les donne comme à celui qui les reçoit. Ce quelque chose est bien sûr impondérable, mais l'essentiel pour notre joie, pour notre épanouissement est toujours impondérable. C'est pourquoi un regard, une seconde de silence, un sourire où l'âme s'exprime, peut apporter bien davantage que toute manifestation plus concrète ou même que des cadeaux.

Il existe plusieurs façons de s'adapter, et certaines ne sont pas fameuses. Pour le disciple, s'adapter veut dire s'ouvrir, avoir de l'intuition, du tact, sentir le mot à dire et le moment propice pour parler ou pour agir ; et enfin trouver la bonne attitude. Mais tout en restant ouvert aux autres il ne doit rien perdre de son idéal, ne jamais transiger sur les principes spirituels : l'honnêteté, la droiture, la probité. L'adaptation ainsi comprise dépend de la force de caractère du disciple, de la subtilité de son intelligence.

Faire preuve de souplesse, de compréhension, tout en restant solide et inébranlable dans ses convictions, est un équilibre difficile à trouver. Mais il faut y travailler. Même coupé en morceaux, un véritable serviteur de Dieu reste inébranlable dans son amour et dans sa foi.

Vous avez mis un mouchoir dans une boîte parfumée : quand vous le ressortirez quelque temps après, il sera lui aussi parfumé. Eh bien, sachez qu'il en est de même avec votre vie psychique : elle s'imprègne des émanations de tous les sujets dans lesquels vous avez l'habitude de vous plonger, et si ce sont des sujets nauséabonds, ne soyez pas étonné que ces mêmes émanations se dégagent un jour de vous. Ne prenez pas ce que je vous dis là à la légère, ce sont des lois qu'il faut connaître et savoir appliquer.

Faites donc attention aux livres que vous lisez, aux films et aux spectacles que vous regardez, aux conversations auxquelles vous participez, car rien de tout cela ne reste sans conséquences. Faites l'effort de vous intéresser à des sujets profonds, éducatifs ; même si pour le moment ils dépassent votre compréhension, un jour vous comprendrez. Il existe en vous un être omniscient qui, au fur et à mesure, vous éclairera sur ce que pour le moment vous ne pouvez pas encore comprendre.

Même en vivant auprès d'un grand Maître, il est difficile de le comprendre, ou seulement de sentir la nature de sa présence, la vie qui est la sienne, car les vibrations de la vie spirituelle échappent aux perceptions habituelles des humains : cela les dépasse, parce qu'ils n'ont pas développé les centres qui leur permettraient de capter ces vibrations subtiles.

Les vibrations d'un Initié touchent seulement les êtres qui ont développé leurs corps supérieurs (les corps causal, bouddhique, atmique).* Pourquoi ? Parce que ces vibrations traversent les corps physique, éthérique, astral et mental sans y laisser la moindre trace, elles ne font vibrer que les corps supérieurs. On peut les comparer aux ondes électriques : elles traversent les murs sans laisser de trace, tandis qu'un projectile ne traverse pas un mur à moins d'y faire un trou. Alors, que ce soit clair pour vous : vous aurez beau lire des ouvrages de spiritualité, rencontrer les plus grands Maîtres, cela ne servira à rien tant que vous n'aurez pas travaillé sur vos corps spirituels.

* Voir note et schéma, p. 372 et 373.

Approchez-vous consciemment du soleil avec le désir de devenir comme lui et vous finirez par recevoir quelque chose de sa vie, de sa chaleur, de sa lumière. Et vous voulez des amis ? Sachez aussi que le soleil vous enseignera les meilleurs moyens de les attirer. Comment ne pas aller vers un être auprès duquel on se sent vivifié, réchauffé, éclairé ? Tandis qu'on évite celui qui est froid, terne, sans vie ; ou bien, si l'on est obligé de le fréquenter, on fait tout pour se protéger en se fermant à lui.

Regardez les fleurs : elles se ferment pendant la nuit, tandis que le jour elles s'ouvrent au soleil. Oui, c'est un langage. Les fleurs nous parlent, elles nous disent : « Vous ne pouvez ouvrir les cœurs et les âmes qu'en répandant la lumière et la chaleur. » Mais qui les comprend ?

Quand ils ont à traverser des épreuves, quand ils souffrent, c'est à ce moment-là que les humains se posent le plus de questions sur Dieu, son existence, sa volonté ; mais surtout, est-ce qu'Il viendra les secourir ?... Et beaucoup se plaignent de ne recevoir ni réponse ni secours. Pourquoi ? Parce qu'ils se posent ces questions comme si Dieu était un Être totalement extérieur à eux. Quand ils comprendront que Dieu habite en eux, à travers toutes leurs épreuves ils persisteront à se lier à Lui, ils sentiront qu'Il les dirige, les éclaire, les soutient.

Celui qui souffre se sent souvent très seul, abandonné de tous. Alors pourquoi doit-il perdre encore, par négligence, par ignorance, la seule aide, le seul réconfort véritable qu'il peut recevoir ? Cette aide, ce réconfort se trouvent dans la présence de Dieu en lui. Et lorsqu'il prie, il ne s'adresse pas seulement au Créateur du ciel et de la terre, cet Être tellement éloigné de lui qu'il n'arrive même pas à L'imaginer, mais à une puissance qui l'habite, lui, et avec laquelle il ne doit jamais perdre le contact.

28 Mars

Combien de personnes se plaignent d'être incomprises de leur entourage et même de leur famille ! Cela prouve tout simplement qu'elles ne sont pas encore prêtes à être comprises. Au contraire, il faut qu'elles se disent : « Je tâcherai de comprendre le plus grand nombre possible de créatures, je ferai tout pour y parvenir », et elles constateront les résultats de cette nouvelle attitude.

Quand vous vous efforcez de comprendre les êtres, ils commencent à vous aimer. Et quand ils vous aiment, ils finissent bien par vous comprendre aussi. Si vous persistez à dire qu'on ne vous comprend pas, vous ne serez jamais compris. C'est vous qui, par cette attitude, mettez des voiles devant les yeux des autres. Cessez de vous sentir incompris et ces voiles tomberont.

Vous voudriez que vos paroles puissent pénétrer les âmes humaines et les entraîner dans la voie du bien… Alors, sachez qu'elles doivent être imprégnées de la matière lumineuse de votre aura. Tant que vous laisserez traîner des ombres dans votre aura, vous ne serez pas persuasif.

On rencontre souvent des gens qui s'étonnent de ne pas arriver à convaincre les autres de la nécessité d'être bons, généreux, honnêtes, justes, purs… Ils ont les arguments, ils s'expriment bien, pourquoi ne les écoute-t-on pas ? Parce qu'ils ne vivent pas profondément ce qu'ils racontent, les autres sentent que ces paroles sonnent creux. Et elles sonnent creux parce qu'elles ne sont pas remplies de la matière subtile de l'aura, qui est la quintessence de ce que l'homme éprouve et expérimente au plus profond de lui-même. Celui qui veut être convaincant, persuasif, doit mettre en accord sa vie et ses paroles : la force de ce qu'il dit deviendra communicative.

30 Mars

Celui qui veut connaître l'itinéraire à suivre pour accéder au monde spirituel trouvera dans l'Arbre séphirotique de grands éclaircissements.* Car l'Arbre séphirotique, qui est une représentation des différentes régions de l'univers, est aussi une représentation des différentes régions psychiques de l'homme.

La première séphira, en commençant par le bas, est *Malhouth*, et elle représente le plan physique, la terre. En quittant *Malhouth*, on quitte le plan physique pour entrer dans le plan psychique, *Iésod,* la région de la lune. *Iésod* est le commencement de la vie psychique, et en cela elle représente un progrès par rapport à *Malhouth*. Mais la vie psychique est faite d'abord de régions brumeuses, de formes vagues et indéterminées dans lesquelles on peut s'égarer. C'est la partie inférieure de *Iésod* qui n'a pas encore été visitée par la lumière de *Tiphéreth,* le soleil. Il ne faut pas s'attarder dans cette région mais aller au-delà, jusqu'à découvrir le monde de la lumière, le monde de l'esprit, car c'est là que commencent la véritable vie spirituelle et le véritable travail.

* Voir tableau et note, p. 374-376.

Que cherche le cœur ? Il n'a besoin ni du savoir ni des pouvoirs, il aspire au bonheur, ce bonheur qu'il ressent comme une dilatation et qu'il ne peut trouver que dans la chaleur, c'est-à-dire dans l'amour. C'est là, dans l'amour, que le cœur s'anime, se vivifie. Voilà pourquoi il recherche cette chaleur partout, auprès de tous les êtres, tandis que le froid le tue.

Vous pouvez proposer au cœur toutes les richesses, tous les pouvoirs et même tous les secrets de l'univers, il vous dira : « Non, ce n'est pas ce qu'il me faut, donnez-moi l'amour, je veux être aimé, mais surtout je veux aimer ! » Alors, sachez que c'est avec l'amour que vous obtiendrez la réalisation de ce que vous souhaitez, parce que dans votre cœur cet amour éveillera et alimentera tous les germes divins.

Les chrétiens savent que le pain et le vin de la communion représentent le corps et le sang du Christ, mais très peu ont approfondi ces symboles qui correspondent aux deux grands principes cosmiques : le principe masculin (le pain) et le principe féminin (le vin), qui travaillent dans toutes les régions de l'univers. Le pain et le vin sont deux symboles solaires. Au-delà du pain et du vin de la Cène, il faut voir les deux propriétés du soleil : sa lumière et sa chaleur, qui créent la vie. La lumière du soleil, c'est la sagesse, et sa chaleur, c'est l'amour. Voilà ce que sous-entendait Jésus quand il disait : *« Celui qui mange ma chair et qui boit mon sang a la vie éternelle. »* Nous devons donc manger le corps du Christ, la sagesse, et boire son sang, l'amour, afin de nous transformer.

Il est tellement important d'approfondir le sens des images, des rites que nous présentent les religions ! Le jour où les chrétiens s'habitueront à communier chaque matin avec cette grande hostie, le soleil qui se lève dans le ciel, et avec ce vin, sa chaleur, ils vivront la vie éternelle. Parce que le soleil est vivant.

2 *Avril*

Jésus est venu sur la terre et il a versé son sang pour le salut de l'humanité, affirment les chrétiens. Oui, Jésus est bien « le Sauveur », mais pas de la façon dont ils le comprennent. Car s'ils étaient vraiment sauvés, pourquoi les humains, les chrétiens y compris, sont-ils toujours tellement faibles, égoïstes, méchants ? Pourquoi se détruisent-ils et détruisent-ils leur prochain ? Le sacrifice de Jésus a donc une tout autre signification.

Au moment où Jésus est venu s'incarner, le chemin psychique de la terre au Ciel était obstrué. Toutes les ignominies, toutes les pensées et tous les sentiments criminels, toutes les passions déchaînées des générations antérieures avaient fait proliférer dans le plan astral une multitude de créatures monstrueuses qui empêchaient les humains, à l'exception de quelques êtres d'élite, de progresser spirituellement. Jésus s'est donc sacrifié pour libérer ce chemin ; en versant son sang, il a assouvi l'appétit de tous ces monstres, et c'est un sacrifice infiniment plus grand qu'on ne l'imagine… À partir de ce moment-là, le chemin a été ouvert pour tous. Mais c'est à chacun de faire, par lui-même, l'effort d'y marcher. Le chemin est libre, mais pour être sauvés, c'est nous qui devons le parcourir.

3 Avril

Soyez attentif à chaque parole que vous prononcez, parce qu'il y a toujours dans la nature un des quatre éléments, la terre, l'eau, l'air ou le feu, qui attend le moment où il pourra habiller de matière tout ce que vous exprimez. La réalisation se produit souvent très loin de la personne qui en a donné les germes, mais elle se produit infailliblement. De même que le vent emporte les graines et les sème au loin, vos paroles s'envolent et vont produire quelque part dans l'espace des résultats bons ou mauvais.

Alors, habituez-vous à parler avec amour aux fleurs, aux oiseaux, aux arbres, aux animaux et aux êtres humains, car c'est une habitude divine. Celui qui sait dire les mots qui réchauffent, vivifient, inspirent et allument le feu sacré, possède une baguette magique dans la bouche.

4 Avril

Pour subsister dans le plan physique, les humains doivent recevoir de l'extérieur tout ce dont ils ont besoin ; ils ne pourraient pas vivre sans les éléments qui leur sont donnés par l'eau, l'air, le soleil, la terre. Ils sont des créatures, et toutes les créatures, toute la création est obligée de recevoir de l'extérieur ce qui lui est nécessaire pour continuer à vivre. Seul le Créateur échappe à cette loi, Il n'a besoin de rien d'extérieur à Lui puisqu'Il est la vie.

Et comme le Créateur a laissé une particule de Lui-même dans chaque créature, une étincelle, un esprit qui est de la même nature que Lui, grâce à cet esprit qui l'habite, chaque créature peut, elle aussi, devenir créatrice. Au lieu de toujours tout attendre de l'extérieur, l'être humain a le pouvoir d'agir intérieurement par sa pensée, sa volonté, son esprit et capter les éléments dont il a besoin pour se nourrir physiquement, mais surtout psychiquement. C'est pourquoi l'enseignement des Initiés a toujours été l'enseignement de l'esprit créateur, et celui qui accepte cet enseignement sera toujours fort, indépendant, car il s'élèvera au-dessus des conditions que lui impose la destinée.

5 Avril

Vous vous efforcez de méditer, de prier, et vous avez la sensation que cela ne vous apporte rien ou pas grand-chose. Mais c'est tout simplement que vous croyez pouvoir vous élever sans avoir préalablement abandonné vos vieux vêtements épais, grossiers – symboliquement parlant. Dans ces conditions, que voulez-vous que votre âme puisse recevoir ? La lumière, les réponses du Ciel, ses bénédictions ne peuvent pas venir jusqu'à vous, elles n'arrivent pas à traverser cette carapace.

Pour recevoir les réponses du Ciel vous devez vous présenter devant Lui dans des vêtements légers, transparents, c'est-à-dire travailler d'abord à vous débarrasser de vos convoitises, de vos calculs, de vos idées fausses, de vos mesquineries. Quand vous y serez parvenu, à peine fermerez-vous les yeux pour vous lier au Ciel que vous sentirez ses bénédictions affluer vers vous.

6 Avril

Une École initiatique... Il est temps que l'on se fasse une idée plus juste de ce que c'est réellement, ou, en tout cas, de ce que ce doit être. Beaucoup trop encore s'imaginent que c'est là qu'ils vont obtenir la clairvoyance, les pouvoirs magiques et toutes sortes de facultés supranormales qui leur permettront de satisfaire leur besoin de merveilleux, d'étrange, ou même seulement d'assouvir leurs désirs et leurs ambitions.

Eh bien, non, la véritable raison d'être d'une École initiatique est d'entraîner les humains dans un travail incessant pour la réalisation du Royaume de Dieu sur la terre, c'est-à-dire la fraternité parmi les humains. Celui qui est décidé à entreprendre ce travail n'a pas besoin d'être un mage, un clairvoyant, ou de posséder des pouvoirs exceptionnels ; il a seulement besoin de devenir plus sage, plus pur, plus désintéressé, plus maître de lui.

7 Avril

Chaque joie, chaque bonheur se paie d'une façon ou d'une autre. Ce n'est que lorsque vous serez définitivement retourné dans l'océan cosmique que vous n'aurez plus rien à payer. Quand on est plongé dans l'océan, à qui aller payer ? Mais si vous sortez de l'océan, pour la moindre petite goutte vous devez payer. Combien de fois vous avez pu le constater ! Après la joie, vient toujours la peine. Et même vous vous y attendez : après un très grand bonheur, quelque chose vous dit qu'un chagrin vous guette.

Quand ils sont très heureux, beaucoup de gens ont peur, et ils ont raison. Mais si on ne peut jamais totalement échapper aux désagréments qui viennent du monde extérieur, intérieurement au moins on peut se protéger. Et la seule protection réellement efficace est le lien avec le Ciel. Lorsque vous êtes lié au Ciel, soumis à sa volonté, vous ne faites plus qu'un avec lui, et alors, intérieurement vous n'avez plus rien à payer. Est-ce que Dieu doit quelque chose à quelqu'un ? Non, tout Lui appartient, et si vous vivez en Dieu, tout vous appartiendra aussi.

8 Avril

L'intellect et le cœur sont pour nous deux facultés indispensables, mais ils ne nous donneront jamais la véritable intelligence de la vie. Pour avoir la véritable intelligence de la vie, il faut développer une troisième faculté, l'intuition, qui est en même temps une compréhension et une sensation.

Mais attention, il ne faut pas confondre l'intuition et la clairvoyance, qui est une faculté inférieure à l'intuition. Pourquoi ? Parce que la clairvoyance ne va pas plus loin que la perception objective du plan astral et du plan mental.* Ainsi, on peut voir les formes, les entités des plans astral et mental, mais ne rien comprendre à ce qu'on voit. Tandis qu'avec l'intuition, on ne voit peut-être rien, mais on comprend les choses comme si on les voyait cent fois mieux, car on les vit.

* Voir note et schéma, p. 372 et 373.

Vous rencontrez quelqu'un pour parler ou manger avec lui, pour décider d'un travail : le plus souvent vous commencez par vous serrer la main, et ainsi vous créez un lien. À ce moment-là, l'une des mains représente le principe masculin, émissif, et l'autre le principe féminin, réceptif. Si vous faites tous les deux ce geste consciemment, chaque main joue son rôle et il en résulte une harmonie agissante.

Deux personnes qui se serrent la main montrent qu'elles désirent se comprendre, s'entendre pour marcher ensuite sur la même voie. Oui, mais à condition que, symboliquement, une des deux mains possède une énergie positive et l'autre une énergie négative. Deux mains (c'est-à-dire deux personnes) actives, positives, ne peuvent qu'entrer en conflit. Deux mains (c'est-à-dire aussi deux personnes) passives ne font rien. Le geste de se serrer la main suppose toujours le désir de produire une activité ordonnée, il signifie : « Je veux essayer de faire des échanges avec vous, voyons si nous pouvons collaborer. » Mais combien de gens s'associent sans se préoccuper de comprendre le langage des mains ! Qu'ils ne s'étonnent pas si leur entreprise finit par échouer.

10 Avril

Quels sont les gens les plus méfiants ? Ceux qui sont malhonnêtes, rusés, méchants. Ils ne peuvent pas croire qu'il existe des êtres honnêtes, sincères et bons. Ils jugent les autres à travers eux-mêmes, et c'est pourquoi ils sont toujours soupçonneux. Quant à ceux qui sont nobles et désintéressés, il leur est difficile de voir la méchanceté, la trahison, la perfidie car, eux aussi, ils voient les autres à travers les qualités qu'ils possèdent.

L'être humain ne peut voir qu'à travers ses propres yeux, et c'est lui qui façonne ses yeux par ses pensées, ses sentiments, ses désirs, ses tendances. Quand vous rencontrez des gens qui ne vous parlent que des défauts des autres, sachez que c'est surtout d'eux-mêmes qu'ils vous parlent ; car s'ils possédaient la noblesse, la bonté, l'honnêteté, et l'amour surtout, ils trouveraient toutes ces bonnes qualités chez les autres aussi.

11 Avril

En méditant sur les minéraux, les cristaux, les pierres précieuses pour pénétrer les secrets de leur structure géométrique, nous nous approchons de la vraie science, la science des principes. Et un jour nous pourrons aller visiter les entrailles de la terre pour voir comment les esprits de la nature travaillent sur tout le monde minéral ; nous visiterons ses chantiers où des milliards d'entités intelligentes s'efforcent, autant qu'elles le peuvent, de reproduire sur la terre la beauté et la perfection du Ciel.

En réalité, aucun minéral, le plus précieux soit-il, n'arrivera jamais à refléter exactement la beauté céleste qui est inégalable. Le monde physique est loin de pouvoir être comparé au monde divin, mais au moins peut-il parfois nous en donner une image. Les pierres précieuses, toutes ces merveilles que nous offre la terre, sont autant de reflets du monde divin : elles nous rappellent pour ainsi dire la pureté, la transparence, la clarté du Ciel.

Depuis des millénaires, combien de civilisations, combien de religions ont disparu ! Si elles n'ont pas pu résister au temps, c'est que les valeurs qu'elles portaient étaient insuffisantes pour créer la nouvelle vie : elles se sont cristallisées, fossilisées, et l'esprit est venu balayer ces anciennes formes caduques. Alors, ne vous arrêtez pas à ce qui est en ruines, n'allez pas à la recherche des décombres en croyant que vous y trouverez de l'inspiration pour votre vie intérieure.

Beaucoup de spiritualistes voudraient revenir vers les Initiations anciennes, leur redonner vie. C'est une erreur. Il ne faut pas réveiller les mystères du passé, car même au point de vue spirituel il est dangereux de vouloir ranimer ce qui est déjà mort. Au lieu de vous occuper du passé, tendez-vous vers l'avenir, car ce qui est votre avenir est le présent des êtres supérieurs qui veillent sur vous. Ainsi, en recevant ce que vous donnent ces êtres, vous accélérez votre évolution.

Parce qu'elles ont décidé de suivre un Enseignement spirituel, beaucoup de personnes s'imaginent que tous leurs problèmes vont être vite résolus et qu'elles seront bientôt capables de vivre une vie paisible et sereine. Eh non, ce n'est pas si facile. Pour régler ses problèmes, il faut se donner un travail intérieur précis, un programme à réaliser, et cela prend du temps.

Mais dès l'instant où vous vous fixez une tâche à remplir, même si vous n'y parvenez pas tout à fait, il y a au moins quelque part une empreinte gravée, et les forces du subconscient commencent à circuler à travers ces canaux que vous avez creusés. Tandis que si vous n'inscrivez rien profondément dans votre psychisme, toute votre existence se passera sans que vous arriviez à réaliser quoi que ce soit. Quand la pluie tombe, l'eau suit exactement les rigoles qui ont été creusées. Vous devez donc préparer le terrain, préparer les canaux pour que la nouvelle vie puisse circuler en vous.

La nuit, pendant le sommeil, votre conscience s'affaiblit, et vous êtes donc plus exposé et vulnérable. C'est pourquoi vous devez être particulièrement attentif à l'état dans lequel vous vous endormez. Les entités ténébreuses ont besoin de matériaux et d'énergies pour leurs travaux, et c'est chez les humains qu'elles les trouvent, particulièrement pendant leur sommeil. Pourquoi ? C'est très simple : pendant le jour, ils sont submergés d'occupations, et c'est donc eux-mêmes qui utilisent leurs énergies ; mais pendant la nuit, quand ils dorment, leurs énergies sont disponibles.

Évidemment, beaucoup n'accepteront jamais l'existence d'entités mauvaises qui peuvent venir puiser des forces chez eux pendant leur sommeil. Eh bien, qu'ils n'acceptent pas, c'est leur affaire. Mais tous ceux qui veulent avancer sur le chemin de l'évolution doivent admettre l'existence de ces entités et la nécessité de se mettre à l'abri de leurs agissements. C'est pourquoi, avant de s'endormir, ils demandent la protection des esprits lumineux.

Les alchimistes travaillent principalement avec trois corps : le soufre, le mercure et le sel. Mais il ne s'agit pas là du soufre, du mercure et du sel que nous connaissons, et les alchimistes en expliquent ainsi l'origine : le feu en agissant sur l'air a formé le soufre ; l'air en agissant sur l'eau a formé le mercure ; l'eau en agissant sur la terre a formé le sel. Le soufre correspond au principe masculin, émissif. Le mercure correspond au principe féminin, réceptif. Et le sel est le résultat de leur union, leur enfant. Chacun possède une représentation géométrique : le soufre, un triangle et une croix 🜍 ; le mercure, la lune et la croix ☿ ; le sel, la croix dans le cercle ⊕.

Le soufre, le mercure et le sel sont aussi les symboles des trois mondes spirituel, psychique et physique. Le soufre est le symbole de l'esprit ; le mercure celui de l'âme ; et le sel celui du corps physique. Quand vous posséderez la science de ces trois corps : soufre, mercure et sel, ainsi que celle des quatre éléments : feu, air, eau et terre, vous connaîtrez les principes de la véritable science alchimique.

Chaque matin, au réveil, dites-vous que rien n'est plus important que de bien vivre aujourd'hui. D'une certaine façon le passé est toujours vivant, il agit encore sur votre présent, mais vous n'êtes pas obligé de lui laisser prendre le pouvoir. C'est au présent que vous devez donner le pouvoir, afin qu'il domine le passé, qu'il le terrasse même pour le transformer.

Quand le passé était le présent, il était tout-puissant. Maintenant qu'il est le passé, il est subordonné au présent, et c'est le présent qui a voix au chapitre. Le passé est révolu et l'avenir est justement « à venir ». C'est au présent d'imposer sa volonté afin de transformer le passé et d'orienter l'avenir.

Une promesse est comme une signature, elle vous lie jusqu'à ce que vous ayez réalisé ce que vous avez promis. Et pas seulement devant le Ciel ; même les promesses que vous faites ici-bas aux humains doivent être tenues. Si vous quittez ce monde sans avoir eu le temps d'accomplir ce à quoi vous vous étiez engagé, vous devrez revenir pour vous exécuter. Dieu Lui-même ne vous déliera pas de cette promesse ; seule la personne à qui vous l'avez faite le peut.

Un homme promet à une femme de l'épouser… Un jour, il peut découvrir qu'il n'est pas fait pour le mariage, mais pour se mettre au service du Seigneur. Eh bien, il doit obtenir de cette femme qu'elle le délie de sa promesse ; et si elle refuse, il est inutile qu'il se retourne vers le Seigneur, car le Seigneur répondra : « Puisque tu as promis, je ne peux rien faire. Je sais que tu veux me servir, mais tu as du temps devant toi. Va d'abord faire ce mariage. Tu peux aussi me servir en étant marié. »

Que les artistes soient des créateurs, qu'ils produisent des œuvres, c'est magnifique ! Mais cela ne suffit pas, ils doivent aussi se préoccuper de ce qui émane d'eux. L'art véritable, c'est de faire de son existence et de son être entier une œuvre d'art où tout sera poésie, musique, lumière, harmonie des couleurs, des formes, des mouvements.

Et l'art de l'avenir sera de faire comprendre à l'être humain comment il peut retrouver son visage originel, le visage de la Divinité… Beaucoup de temps, d'efforts et de travail seront nécessaires pour arriver jusque-là. Mais il ne faut pas se laisser arrêter par cette question du temps, car si les créations que l'homme produit à l'extérieur ne lui appartiennent pas – il doit les abandonner au moment de la mort – le travail qu'il a entrepris de faire sur lui-même demeure pour l'éternité.

19 Avril

On appelle le soleil « la lampe de l'univers », car il éclaire le monde et c'est grâce à sa lumière que nous pouvons y voir. Quand ce n'est pas le soleil qui nous éclaire, nous avons besoin d'autres sources de lumière : ampoules électriques, bougies, lampes de poche, phares…

Les objets ne sont donc visibles que dans la mesure où une lumière tombe sur eux et les éclaire ; c'est une loi du monde physique et c'est aussi une loi du monde spirituel. Mais dans le monde spirituel, il n'existe aucune lampe que nous pourrions allumer comme nous allumons la lampe de notre escalier ou de notre chambre ; et si nous voulons y voir, c'est nous qui devons projeter une lumière de nous-même. Voilà pourquoi tellement peu d'êtres sont capables de voir dans le plan spirituel : parce qu'ils attendent que les objets soient éclairés, alors que c'est à eux de projeter les rayons qui leur permettront de voir.

Parce qu'ils ont compris qu'ils pourraient les faire servir à leurs intérêts, certains matérialistes parmi les plus acharnés se mettent à explorer le domaine de la télépathie, de la clairvoyance, de la clairaudience, de la radiesthésie, de la psychométrie, et ils appellent cela « parapsychologie ». Du moment que cela peut leur donner des pouvoirs et leur faire gagner de l'argent, ils accepteront quantité de théories qui leur paraissaient jusque-là insensées. Donc, toutes les connaissances de la Science initiatique qui peuvent servir leurs fins, ils les acceptent, et celles qui ne leur rapportent rien, ils les laissent de côté.

Mais prendre les vérités initiatiques comme moyen d'arranger ses affaires, de s'imposer aux autres, est de la plus grande immoralité, et ceux qui le font seront punis par la Justice divine. L'homme ne doit utiliser le savoir initiatique que pour aider et réconforter les autres, pour répandre la lumière et la paix dans le monde. C'est alors qu'il est inscrit dans le livre de la vie, et il reçoit les bénédictions du Ciel.

Vous connaissez l'expression : « avoir une foi à déplacer les montagnes ». Elle est maintenant passée dans le langage courant et beaucoup l'emploient sans savoir qu'elle a son origine dans ce passage des *Évangiles* où Jésus dit : *« Si vous aviez de la foi comme un grain de sénevé, vous pourriez dire à cette montagne : Déplace-toi, et elle se déplacerait. »*

Jésus a-t-il vraiment pensé que les humains pourraient changer les montagnes de place ? Non, car elles sont bien là où la nature, dans sa sagesse, les a placées. Alors, que sont ces montagnes dont parle Jésus ? Des montagnes situées dans l'intellect, le cœur, la volonté des humains, des montagnes d'obscurité, d'égoïsme, de paresse. C'est elles qu'il faut déplacer. Et cela n'est possible qu'avec une foi inébranlable. Est-ce que Jésus, en Palestine, a déplacé des montagnes ? Non, il ne s'occupait pas de ce genre de choses. Et pourtant il a déplacé des montagnes, des royaumes et des continents entiers dans la tête et le cœur des humains.

Les humains ne sont pas toujours tellement fermés vis-à-vis des autres, ils voudraient bien les comprendre et les aider, alors pourquoi y parviennent-ils si difficilement ? Parce qu'ils restent malgré tout trop préoccupés d'eux-mêmes. Ils sont là comme aveuglés par le voile de leur nature inférieure, égoïste, personnelle, qui les empêche de distinguer ce qui se passe dans la tête ou le cœur des personnes qui les entourent. Même leur amour ne leur permet pas de voir au travers de ce voile. Aussi sont-ils parfois tellement étonnés des transformations qu'ils découvrent soudain dans le comportement de leur femme ou leur mari, de leurs enfants, de leurs amis : ils n'avaient rien vu ni senti venir !

Seul celui qui a maîtrisé sa nature inférieure et qui est devenu capable d'oublier ses points de vue, ses préférences, peut devenir un bon psychologue.

« Une déclaration d'amour »... Il y aurait beaucoup de choses à dire sur cette expression. Les hommes et les femmes ont l'habitude de se déclarer leur amour, sans savoir que dans cette manière d'agir se glisse un élément intéressé, égoïste. Ils veulent attirer, gagner, capturer la personne à laquelle ils s'adressent. Ils lui écrivent ou lui parlent le plus poétiquement possible, en choisissant les gestes, les mots, le son de voix appropriés, avec l'espoir que la personne, charmée, touchée, ravie, finira par se laisser convaincre.

L'amour que l'on exprime a trop souvent pour but de gagner et de garder l'être aimé pour soi ; à partir de ce moment-là, personne d'autre n'a le droit de s'approcher. Donc, c'est bien l'égoïsme et le manque de foi en la puissance de l'amour qui guident les humains. Comme ils ne possèdent pas le véritable amour qui fait des merveilles, ils s'empressent de le manifester par des moyens concrets : la parole, l'écriture, les gestes, afin d'emprisonner l'être qu'ils aiment. Et s'ils prétendent que c'est la force du sentiment qui les pousse à agir ainsi, en réalité, c'est leur propre faiblesse qu'ils avouent. Celui qui est habité par le véritable amour ne l'exprime pas, ce n'est pas nécessaire, car cet amour se sent : il rayonne.

Quand vous ressentez de l'irritation, de la tristesse, ne restez pas là à ruminer sans rien faire. Sortez, allez marcher, et en marchant dites-vous : « Lorsque j'atteindrai cet arbre là-bas (ou ce mur, ou tel autre repère), je serai délivré de ce malaise. » Rapprochez-vous avec la certitude que vous allez être totalement libéré. En atteignant l'endroit fixé, vous sentirez un éclaircissement, un soulagement. Si l'amélioration est insuffisante, recommencez en choisissant un autre repère, plus loin, et affirmez avec force que là, votre mal disparaîtra complètement. Continuez ainsi jusqu'à sentir une véritable libération.

Quels que soient les états négatifs, l'essentiel, c'est de ne jamais rester sans rien faire. Il n'y a rien de pire que la passivité.

25 Avril

L'équilibre psychique est une des qualités les plus précieuses et difficiles à acquérir, car c'est le résultat de deux mouvements contradictoires. Il y a des personnes que l'on voit parler, marcher, s'occuper comme si rien ne leur demandait d'effort. On pourrait dire qu'elles sont équilibrées, mais non, en réalité elles stagnent. Jour après jour on les retrouve toujours semblables à elles-mêmes : elles présentent le même visage impassible, elles reproduisent les actes de la veille, elles répètent les paroles de la veille, etc. Ce n'est pas cet équilibre-là qui les fera évoluer.

Un certain déséquilibre est nécessaire pour notre avancement, mais à condition que nous demeurions vigilant et que nous puissions remédier lorsque les plateaux de la balance commencent à accuser une trop grande différence de niveau. L'équilibre consiste donc à conserver intérieurement certaines oscillations. Le jour où les deux plateaux sont parfaitement équilibrés, on ne peut plus parler d'équilibre, mais de mort. La vie est dans l'oscillation mesurée de la balance.

Une vie sociale harmonieuse ne peut être fondée que sur des échanges justes ; et les échanges justes se résument en deux mots : prendre et donner. Dans le plan matériel, la question est claire pour tout le monde, chacun sait ce que sont des échanges justes. Mais voilà que cela ne suffit pas, car la loi de l'échange touche tous les domaines de l'existence. Quelqu'un dit : « Moi, je suis honnête, je paie mes impôts, je donne leur salaire à mes employés, je ne trompe pas mes clients. » D'accord, mais comment se conduit-il vis-à-vis de ses parents, de sa femme, de ses enfants ?

Il est tellement plus facile d'être honnête et juste dans le plan matériel que dans le plan psychique ! On voit même des gens afficher toutes sortes de signes extérieurs de leur honnêteté pour mieux cacher leur malhonnêteté dans les rapports intellectuels et affectifs. Ils arrivent à tromper les autres (et encore, pas toujours), mais ils ne trompent pas la Justice divine qui a d'autres conceptions que la justice humaine sur ce qu'il faut appeler prendre et ce qu'il faut appeler donner.

Chaque pays trouve normal de défendre ses intérêts économiques, et il se félicite d'y réussir… Jusqu'au jour où il se trouve confronté à des problèmes qu'il n'avait pas eu la sagesse de prévoir.

Un exemple : pour un pays qui fabrique des armes, rien n'est plus avantageux que de les exporter. Et c'est ainsi qu'il arrive à vendre tout un matériel de plus en plus meurtrier à des peuples qui, par leurs luttes continuelles, risquent de compromettre la paix et la sécurité de toute la planète. Certains de ces peuples savent tout juste lire et écrire, mais ça ne fait rien, on leur livre les armes les plus perfectionnées et on leur envoie des instructeurs pour leur montrer comment s'en servir. D'un côté, on gagne beaucoup d'argent, c'est vrai. Mais ensuite, que de dépenses, que de difficultés pour arrêter ces conflits qui éclatent dans tous les coins du monde ! Et à la fin, on se trouve dans des situations inextricables, parce qu'on a seulement considéré les avantages immédiats que procureraient des ventes d'armes.

Même si vous vous trouvez dans les pires conditions psychiques et matérielles, ne vous laissez pas affaiblir par la pensée que le mal, sous toutes ses formes, peut si facilement vous atteindre. Si vous vous sentez toujours faible, vulnérable, sans protection, alors là, oui, vous êtes réellement exposé. Mais faites un travail intérieur afin de vous lier aux entités célestes, à la lumière, menez une vie honnête, pure, et vous sentirez que quelque chose d'essentiel en vous demeure malgré tout à l'abri.

Vous direz : « Mais je sens que certaines personnes ne cessent de projeter sur moi de mauvaises pensées. » Eh bien, c'est sur elles que ces mauvaises pensées finiront par retomber, car en agissant ainsi elles s'exposent à la loi du choc en retour. Le mal ne peut pas pénétrer dans un être qui est occupé par le Seigneur, occupé par les anges ; il est tout de suite rejeté et va retomber sur la tête de celui qui l'a envoyé. Accrochez-vous à cette vérité, et déjà vous vous sentirez à l'abri.

L'incarnation d'une âme est un processus de descente dans la matière au cours de laquelle elle oublie ce qu'elle a vécu en haut ; c'est pourquoi, en arrivant sur la terre, l'âme n'a plus tellement conscience des engagements qu'elle a pris vis-à-vis du Ciel avant de descendre. Mais les années passent... Au fur et à mesure du temps, des sensations, des impressions, certaines pensées et aspirations la traversent, d'abord de manière fugitive, puis de plus en plus précise. Cela se manifeste par une tendance à rechercher certaines activités, à envisager telle ou telle profession. C'est ce que l'on appelle une vocation.

Ceux qui ont ainsi la sensation d'être appelés pour accomplir une tâche ou s'acquitter d'un devoir, ne doivent pas hésiter. Ils ne se disent peut-être pas explicitement qu'ils ont à remplir une mission préalablement acceptée, mais le Ciel fait en sorte que ce soit uniquement là qu'ils se sentent dans leur élément. Et quelles que soient les difficultés qu'ils rencontrent sur leur route, ils ne doivent pas changer d'orientation.

Tout l'univers créé, toutes les manifestations de la vie et de la nature sont l'œuvre des deux principes masculin et féminin. Et ces deux principes sont un reflet, une répétition des deux principes divins créateurs : le Père céleste et la Mère divine. En réalité, même le Père céleste et la Mère divine ne sont pas Dieu Lui-même : on doit les comprendre comme deux pôles issus d'un principe unique, l'Absolu, le Non-Manifesté, que la Kabbale appelle *Aïn Soph Aur,* « lumière sans fin ».*

Il est dit que l'être humain a été créé à l'image de Dieu, c'est-à-dire à l'image de ces deux principes : chacun possède donc une partie masculine et une partie féminine. Selon qu'il est homme ou femme, l'une est visible et l'autre cachée, mais celle qu'on ne voit pas est quand même présente. Chaque femme est femme dans son corps physique, mais intérieurement elle possède le principe masculin. Et de même, chaque homme est homme dans son corps physique, mais il possède intérieurement le principe féminin. Si vous connaissez cette loi de la polarité et si vous savez comment utiliser les deux principes masculin et féminin, émissif et réceptif, positif et négatif, vous pourrez résoudre tous les problèmes de la vie.

* Voir tableau et note, p. 374-376.

Pourquoi tant de gens s'accrochent-ils à cette existence ? Parce qu'ils ignorent que leur vie ne s'arrête pas avec ce qu'il est convenu d'appeler la mort. Ils sont même capables de commettre tous les crimes pour subsister. Ils contractent ainsi des dettes karmiques qu'ils devront payer un jour. Tandis que le disciple d'une École initiatique a une autre attitude. Il se dit parfois : « Quelle corvée de vivre sur la terre où on est limité, bafoué, violenté, tourmenté, écrasé ! » Mais il sait aussi qu'il est là pour faire un travail et réparer ses erreurs du passé. Alors, il accepte, en pensant que lorsqu'il aura terminé ce travail, il pourra vivre libre dans l'espace.

Voilà la vérité que connaissent les spiritualistes, et c'est pourquoi, même s'ils savent que la vraie vie est ailleurs, ils sont convaincus qu'ils ont quelque chose à faire sur la terre. Tant qu'ils n'ont pas tout réglé, tant qu'ils n'ont pas fini le travail que le Ciel leur a donné, le reste leur est indifférent. Ils ne se demandent pas s'ils préfèrent vivre ou mourir, ils veulent seulement terminer leur travail. Mais dès qu'il est terminé, avec quelle joie ils s'en vont, parce qu'ils savent que la terre ne vaut pas la peine qu'on s'accroche à elle.

Il faut le savoir : qui que vous soyez, quoi que vous fassiez, vous aurez à subir des épreuves. Alors, au lieu d'être chaque fois étonné comme si vous faisiez une découverte, et de rendre tous les autres, y compris le Seigneur, responsables de ces difficultés, réfléchissez, méditez, et vous comprendrez le bon côté de ces épreuves.

Il y a beaucoup de qualités qu'on ne peut pas développer tant qu'on n'est pas passé par certaines souffrances : les échecs, la maladie, et même l'inimitié des humains. Oui, c'est pourquoi je vous dirai que, souvent, nos ennemis sont des amis camouflés, parce qu'ils nous obligent à faire des efforts et à progresser. Jésus a dit : *« Aimez vos ennemis »* et beaucoup trouvent ce commandement non seulement irréalisable, mais insensé : comment aimer des gens qui nous font du mal ? C'est impossible ! Si, c'est possible lorsqu'on découvre que ce sont des amis déguisés, et que la Providence nous les envoie pour nous obliger à faire des progrès dans la voie de la maîtrise et de la libération.

Vous êtes continuellement à la recherche de nouvelles choses à apprendre, à voir, à entendre. Ce n'est pas mauvais, mais habituez-vous aussi à consacrer chaque jour quelques instants pour vous lier au monde divin : ce que vous gagnerez de cette façon, vous pourrez le transporter partout avec vous, même dans l'autre monde ; rien ne pourra vous l'enlever.

Tout ce que vous trouvez dans les livres, toutes les connaissances que vous pouvez acquérir ne seront jamais vraiment à vous ; lorsque vous quitterez la terre, vous devrez les abandonner et quand vous reviendrez, vous serez obligé de recommencer à vous instruire. En venant se réincarner, chacun ne rapporte que ce qu'il a vraiment acquis et expérimenté dans ses autres vies. Tout le reste lui a été enlevé parce que cela ne lui appartenait pas : il l'avait pris à d'autres. Bien sûr, grâce à ces « emprunts », pour le peu de temps qu'il est sur la terre il profite des avantages de la terre : les compliments, les ovations, les applaudissements de gens qui ne sont pas très éclairés. Mais quand il partira, il se retrouvera pauvre et nu, et il reviendra sur la terre pauvre et nu.

Dans la société où nous vivons, il est impensable que l'on ne sache pas lire et écrire. Même faire la cuisine suppose qu'on sache ce qui est écrit sur les boîtes de conserve, par exemple, et qu'on puisse aussi déchiffrer une recette dans un livre. Et quelles complications si on ne sait pas lire le nom d'une rue ou d'une station de métro !…

Mais cela ne signifie pas que l'humanité n'aurait pas pu progresser sans l'écriture. Si lire et écrire représentent de grands avantages, cette importance donnée au papier a aussi beaucoup d'inconvénients : on ne se base que sur les papiers, il n'y a que les papiers qui comptent, on est incapable de voir au-delà. Si un papier dit que vous êtes coupable, même si vous êtes innocent, on est incapable de lire sur vous cette innocence. On lit le papier et on vous accuse, on vous montre du doigt, on vous met en prison. À l'heure actuelle, l'homme n'est plus rien, c'est les papiers qui sont tout-puissants !

Vous accomplissez une tâche difficile, vous remportez des succès, vous sortez victorieux d'une épreuve ? Tâchez de ne pas vous en glorifier, mais dites : « Ce n'est pas à moi, Seigneur, c'est à Toi qu'en revient le mérite », sinon vous risquez de tomber dans les pièges de l'orgueil. Et lorsque vous recevez des éloges, des félicitations, soyez vigilant, ne vous pressez pas d'avoir tellement bonne opinion de vous, mais répétez : « Ce n'est pas à moi, Seigneur, c'est à ton Nom que revient la gloire. » Souvent, sans le savoir, sans le vouloir, les autres vous tendent des pièges : vous prenez leurs compliments tellement au sérieux que vous devenez prétentieux, vous vous croyez déjà arrivé au sommet, et c'est dangereux pour votre évolution.

Vous devez travailler pour la gloire de Dieu, et si l'on vous donne des louanges, reportez ces louanges sur Lui : c'est ainsi que le côté impersonnel, désintéressé de votre être pourra se développer. Le Ciel vous juge d'après cette attitude. La véritable gloire du disciple, c'est de glorifier le Seigneur.

6 Mai

Même si toutes sortes d'ouvrages y invitent le public, ne vous lancez pas dans des expériences psychiques, n'essayez pas d'entrer en relation avec l'au-delà tant que vous n'avez pas acquis la maîtrise de vos pensées et de vos désirs. Seule cette maîtrise vous rendra fort et vous mettra à l'abri des dangers. Car il faut le savoir : les dangers que l'on court dans le monde psychique sont aussi nombreux et redoutables, sinon plus, que ceux du monde physique. Si vous n'êtes ni instruit ni exercé, vous serez vulnérable et il ne vous restera plus qu'à aller partout chercher quelqu'un pour vous délivrer de vos angoisses, de vos obsessions.

Combien de soi-disant spiritualistes finissent par être victimes des entités et des forces qu'ils ont imprudemment provoquées ! Ils se sentent poursuivis par des monstres, ils vivent tous les tourments de l'enfer, et évidemment, ils ne comprennent pas comment cela a pu leur arriver. C'est pourtant simple : en cherchant à pénétrer dans le monde astral* par curiosité, par attrait du fantastique, par désir d'acquérir des pouvoirs, ils ont attiré des entités qui les font réellement vivre dans l'enfer. Car c'est cela, l'enfer : le monde astral inférieur.

* Voir note et schéma, p. 372 et 373.

Les êtres humains ont besoin pour subsister d'une nourriture matérielle, consistante. Mais dans le monde invisible il est des créatures qui se nourrissent seulement de parfums, de couleurs, de sons. Beaucoup trouveront certainement difficile d'admettre qu'au-delà des règnes minéral, végétal, animal et humain, il existe des régions peuplées de créatures invisibles aux yeux et différentes de tout ce qu'ils peuvent connaître. Mais en réalité, l'univers entier est rempli des créatures les plus extraordinaires que des êtres aux qualités psychiques très développées ont pu rencontrer, et ces créatures se nourrissent réellement de lumière, de couleurs, de parfums et de sons.

Pour les humains que nous sommes, la lumière, les couleurs, les sons, les parfums ne peuvent pas être considérés comme des aliments bien substantiels. Mais pour ces entités formées de matière très subtile, ils représentent non seulement des forces, des puissances, mais aussi une nourriture.

Nous n'avons pas le pouvoir d'anéantir le mal en nous. Le seul moyen de le faire disparaître est de le donner en pâture aux esprits du bien. La quatorzième carte du Tarot représente un ange occupé à transvaser un liquide d'une urne d'argent (métal associé à la Lune) dans une urne d'or (métal associé au Soleil). Les Initiés qui ont conçu les cartes du Tarot ont inscrit dans ce symbole l'idée de la transfusion du moi inférieur, symbolisé par la Lune, dans le Moi supérieur, symbolisé par le Soleil. Pour que cette transfusion soit possible, le moi inférieur doit être en quelque sorte absorbé par le Moi supérieur.

Voilà donc le travail du disciple intelligent : dominer les énergies chaotiques de sa nature inférieure pour les mettre au service de son Moi supérieur. C'est la seule manière de vaincre le mal.

Quand rien ne les oblige à réagir, à faire des efforts, les humains ont tendance à se laisser aller. Il leur faut des difficultés, des épreuves, alors là ils se reprennent et mobilisent leurs énergies afin de redresser la situation. Et quand ils y sont parvenus, c'est fini, de nouveau ils se relâchent et retombent dans la paresse. Eh bien, c'est une erreur d'ajuster son comportement aux variations du monde extérieur. Quels que soient les événements, il faut toujours continuer à travailler, parce que le travail doit être toujours à la première place.

Les conditions s'arrangent, les difficultés s'aplanissent ?… C'est très bien, mais ce n'est pas une raison pour ralentir l'activité. Au contraire, il faut apprendre à utiliser ces conditions en donnant plus de temps au travail de la pensée, à la construction de son être intérieur.

L'homme est-il libre, ou bien est-il soumis au destin ? Cette question est discutée depuis des millénaires. L'erreur, c'est de croire que tous les individus ont à subir les mêmes lois. Ceux qui, comme les animaux, n'obéissent qu'à leurs impulsions purement instinctives, sont inévitablement soumis aux lois de la fatalité ; c'est leur propre nature qui crée pour eux cette fatalité. Tandis que ceux qui ont acquis la maîtrise de leurs instincts, de leurs passions, échappent à la fatalité pour entrer dans le monde de la Providence, de la grâce, où ils connaissent la lumière et la liberté.

Il ne faut pas s'imaginer que tout le monde peut être libre ou que tout le monde doit subir un destin inexorable. Non, la liberté dépend du degré d'évolution de chacun. D'après sa façon de penser, de sentir ou d'agir, l'être humain tombe sous le coup de la fatalité, ou s'attire les bénédictions de la Providence. Donc, dans certains domaines il est ligoté, il est soumis au destin, et dans d'autres il y échappe, il est libre… Jusqu'au jour où il disposera pleinement de sa liberté.

Quand on considère quelqu'un comme son ennemi et qu'on le déteste, on se dit souvent que ce serait bien commode qu'il disparaisse. Évidemment, on n'ira pas jusqu'à le tuer car on ne se décide pas si facilement à commettre un meurtre, c'est trop risqué. Mais on pense à cette mort, on la souhaite… Eh bien, à ce moment-là, il faut savoir qu'on sera peut-être responsable de la mort de quelqu'un d'autre dans le monde. Oui, car les pensées, les sentiments, les désirs circulent et vont influencer quelque part, plus loin, des personnes qui sont dans les mêmes dispositions et qui désireraient, elles aussi, se débarrasser d'un ennemi. Si leur désir de vengeance est plus fort, ou si elles ont une moins grande volonté de résister à leur instinct criminel, un jour, sous l'influence de quelque chose qu'elles ne comprennent pas – une impulsion, un courant qui les emporte – elles commettront un meurtre.

Voilà une vérité qu'il est essentiel de connaître. Nous ignorons ce que deviennent nos états de conscience à travers l'espace, mais un jour nous retournons tous dans l'autre monde. Là, on nous présentera les conséquences de nos pensées, de nos sentiments et de nos désirs. Et alors, il se peut que certains qui se croyaient irréprochables soient épouvantés de voir qu'ils ont été la cause de tellement de dégâts.

L'espace est un besoin de l'âme ; c'est dans l'immensité qu'elle respire, qu'elle se dilate et se réjouit. Limitez-la, elle étouffe, elle dépérit, elle s'étiole. Et c'est ce qui arrive aux humains qui se laissent absorber par tous les détails matériels de la vie quotidienne sans prendre une minute pour se plonger dans l'immensité. Car l'âme souffre d'avoir dû accepter les limites d'un corps. Un enfant qui naît est une âme qui se limite, et cette limitation est indispensable pour permettre la manifestation. Mais au moment de la mort, l'âme retourne vers l'immensité.

La vie est faite de ces deux processus, la limitation et la dilatation ; et pour mener une vie équilibrée, vous devez savoir les appliquer dans votre existence. Vous entrez dans votre for intérieur pour vous lier à l'univers, à l'Âme universelle… puis vous revenez vous limiter pour travailler. Mais ne restez pas trop longtemps dans la limitation, sinon vous allez vous ennuyer et souffrir. Pensez à vous ouvrir à l'immensité.

Lorsque les éléments se déchaînent au-dehors, vous ne sortez pas de chez vous pour lutter contre eux. Et en prévision de l'hiver, vous savez qu'il n'y a qu'une chose à faire : vous occuper de votre maison, c'est-à-dire boucher les fissures, remplacer les tuiles cassées, placer une bonne isolation… La maison une fois renforcée, consolidée, vous êtes tranquille. Alors, puisque vous savez très bien ce qu'il faut faire quand il s'agit des forces de la nature, pourquoi ne le savez-vous plus quand il s'agit des forces du mal ? Sans aucune précaution préalable, vous croyez pouvoir lutter contre le mal et le vaincre, mais c'est vous qui êtes vaincu. Au lieu de lutter contre le mal, il faut se renforcer pour mieux résister, mieux comprendre et mieux agir.

L'Archange Mikhaël lui-même n'a pas anéanti le mal – c'est écrit dans l'*Apocalypse* – il n'a pas tué le dragon, il l'a seulement enchaîné. Et les humains, qui sont tellement moins puissants que l'Archange Mikhaël, comment peuvent-ils croire qu'ils parviendront à anéantir le mal en luttant contre lui ?

Il est juste que les méchants soient punis, mais vous devez garder de l'amour pour eux. Vous devez aimer en eux des créatures de Dieu qui sortent difficilement de l'obscurité, et cette pensée vous permet de les supporter. Observez-vous : lorsque quelqu'un que vous aimez commet des erreurs, vous savez vous montrer patient, indulgent ; tandis que quelqu'un que vous n'aimez pas, même ses bonnes actions vous agacent, au point que vous prêtez à sa conduite des mobiles suspects. Seul l'amour peut vous donner la patience et vous ouvrir les yeux sur les intentions des autres.

Et la patience est aussi une manifestation de la force. Celui qui est fort ne se laisse pas entamer par le comportement des gens de son entourage, tandis que le faible ne supporte rien, la moindre contrariété le met hors de lui. On voit des personnes entrer dans des colères invraisemblables pour des détails tellement minuscules ! Et ce sont souvent les mêmes qui restent à peu près indifférentes aux injustices monstrueuses que d'autres ont à subir. Ce que les personnes supportent ou ne supportent pas… pour moi c'est un critère : je vois où elles en sont sur le chemin de l'évolution.

15 Mai

Vous souhaitez apprendre à jouer d'un instrument de musique, disons le violon, et vous pensez y arriver sans professeur. Vous achetez donc un violon, des cahiers d'exercices, et vous commencez à jouer. Pendant quelque temps, vous travaillez une heure ou deux par jour, mais très vite vous n'êtes plus aussi assidu et vous vous arrêtez. Un mois après, vous reprenez votre violon, puis de nouveau vous vous arrêtez… Et cela continue ainsi, avec des alternances d'assiduité et de négligence, suivant votre humeur. Par contre, si vous avez un professeur, vous travaillez régulièrement pour être au point le jour de la leçon ; et le professeur est toujours là pour corriger vos erreurs ou vous donner des encouragements.

C'est pour les mêmes raisons que nous avons besoin d'avoir un Maître spirituel, afin d'être guidé et soutenu dans nos efforts sur les chemins de la vie. Vous dites que vous êtes capable de vous guider tout seul ? Bon, comme vous voulez, mais sachez que si ce n'est pas un Maître, c'est la vie qui se chargera de vous instruire, et la vie, elle, est terrible !

Un des livres du *Zohar,* le « Siphra di-Tzéniutha », commence par ces mots : « Nous avons appris que le Livre du Secret est le livre concernant l'équilibre de la balance. » Mais équilibre ne signifie pas immobilité. Lorsque Dieu s'est polarisé pour créer, la balance cosmique s'est mise en branle, elle a commencé à osciller. La création suppose une perpétuelle oscillation des deux plateaux de la balance, et tant que la création ne sera pas achevée, la balance continuera à osciller. L'oscillation de la balance exprime que la création est toujours en devenir. L'équilibre parfait empêcherait les échanges. Or, la vie n'est faite que d'échanges. Cependant ce mouvement doit être mesuré, car si l'un des plateaux s'élève trop haut, l'autre descend trop bas, et c'est la chute : l'oscillation s'arrête et il n'y a plus de vie.

Ce que nous appelons équilibre est donc en réalité un certain déséquilibre, un équilibre momentanément rompu pour être rétabli aussitôt. De cette rupture de niveau jaillissent des forces qui doivent être rapidement rattrapées par un mouvement contraire afin d'être dominées. C'est donc cette oscillation qui engendre la vie, et on peut dire que la vie est un déséquilibre sans cesse corrigé.

Vous connaissez ce conte de Tolstoï ?

En se promenant sur ses terres, un roi ramassa un jour une graine de la grosseur d'une noisette. Étonné, il fit appel à la science de tous les sages de sa cour, mais aucun ne put lui en dire le nom ni la provenance. Il apprit cependant que, dans son royaume, vivait un homme très âgé qui pourrait peut-être le renseigner, et il l'envoya chercher. L'homme, presque aveugle, arriva appuyé sur deux béquilles. Après avoir longuement examiné la graine, il dut avouer son ignorance. « Mais je vais appeler mon père, dit-il, il se souviendra peut-être d'en avoir vu de semblables. » Le père arriva, appuyé sur une seule béquille. Lui non plus ne put identifier la graine, mais proposa à son tour de faire venir son père…

Celui-ci arriva bientôt ; il avait l'air d'un jeune homme, robuste et gai. Il saisit la graine et poussa une exclamation : « Mais c'est un grain de blé qui poussait dans mon enfance ! dit-il. À cette époque-là les grains de blé étaient très gros, mais au fur et à mesure que les humains sont devenus malhonnêtes et méchants, leur taille n'a cessé de diminuer. Et si vous me voyez si robuste et plus jeune que mon fils et mon petit-fils, c'est que je continue à vivre d'après les règles de l'honnêteté et de la bonté qui régnaient dans mon enfance. »

La nature a établi des lois, et si nous les transgressons, elle nous punit. La nature est une bonne mère, mais elle est aussi très sévère. Certains diront : « Mais ce n'est pas l'image de la mère que nous avons. Au contraire, une mère est tendre, aimante, indulgente. C'est du père que vient la sévérité. » Vous n'avez pas assez bien observé ni bien réfléchi. Quel est le rôle de la mère auprès du très petit enfant ? Elle le nourrit, bien sûr, mais elle lui apprend dès que possible ce qu'il doit faire ou ne pas faire pour se développer correctement ; elle lui donne des règles de nutrition, d'hygiène, de prudence ; elle le prive parfois, ou elle le retient : elle l'empêche de trop s'approcher du feu et de l'eau, elle lui retire des mains les allumettes et les objets coupants, elle cache les bonbons et la confiture s'il a tendance à en abuser. Quelquefois, elle le laisse un peu faire en le surveillant, et s'il tombe ou se fait mal, elle lui dit : « Tu vois, tâche de ne pas recommencer, sinon tu te feras mal à nouveau. » Et quand vraiment il dépasse les limites et fait des caprices, elle le punit.

Ce rôle de la mère auprès du petit enfant, c'est, sur un autre plan, celui de la nature vis-à-vis de l'être humain.

Faites que le soleil demeure toujours pour vous comme le plus authentique représentant de la Divinité.

Pourquoi des personnes qui trouvent normal d'aller dans les églises ou les temples s'incliner, s'agenouiller et prier devant des icônes, des croix ou des statues, trouvent-elles anormal de contempler le soleil ? Comment s'imaginer que l'on recevra davantage de lumière ou de réconfort en s'enfermant dans des murs au milieu d'objets de métal ou de bois, qu'en allant le matin dans la nature s'adresser au soleil qui est sorti des mains de Dieu, éclatant et vivant ? Allez prier dans les églises, pourquoi pas ? Mais sachez que c'est le soleil qui, grâce à sa lumière et à sa chaleur, vous apprendra à vivre la vie divine.

Quand les chrétiens se laissent aller à la médisance, à l'animosité, ils savent très bien qu'ils ne se conforment pas aux préceptes évangéliques, ce qui ne les empêche pas de continuer. Mais ce qu'ils ne savent pas, c'est qu'il existe une loi selon laquelle celui qui s'acharne ainsi à critiquer les autres leur communique ses propres forces, il leur donne des armes, et c'est donc lui qui, à son insu, entretient ses ennemis.

Voulez-vous qu'un ennemi s'affaiblisse ? Dites du bien de lui, trouvez-lui au moins une bonne qualité et parlez aux autres de cette qualité. À ce moment-là, les entités du monde invisible chargées de rétablir la justice se présentent devant lui et lui disent : « Combien as-tu dans ta caisse ?... Bon, une partie sera pour celui-là, là-bas, parce qu'il a dit du bien de toi. » Mais si vous le poursuivez de vos critiques, de vos médisances, ces entités se présentent devant vous et vous êtes obligé de lui donner de vos énergies, donc vous le renforcez.

Combien d'hommes et de femmes de science, ou de philosophes, d'écrivains, de poètes, d'artistes vivent dans les tourments ! Et pendant que le public se nourrit de leurs œuvres, eux-mêmes échangeraient volontiers leur immense talent contre quelques jours de paix intérieure. Vous demanderez : « Mais pourquoi tant de désordres et de tragédies dans l'existence de gens si remarquables ? » Parce qu'en même temps qu'ils ont cultivé le don qu'ils avaient reçu du Ciel, ces créateurs ne se sont pas préoccupés de faire un travail en profondeur en acceptant une discipline de vie. Beaucoup pensent même que ce sont leurs tourments, leurs déséquilibres qui nourrissent leur talent, et d'une certaine façon ils les entretiennent.

Il est vrai que les réalisations de l'art et de la pensée, comme les réalisations spirituelles, ont le plus souvent pour origine des douleurs, des troubles profonds que des êtres exceptionnels ont pu de quelque façon surmonter. Mais pour les surmonter vraiment, un travail intérieur est nécessaire, et si ce travail est inexistant ou insuffisant, c'est le déséquilibre qui finit par l'emporter, avec les angoisses et les souffrances qui l'accompagnent.

Quand un être décide de marcher sur le chemin divin et maintient sa décision sans faiblir, les Seigneurs des Destinées, les Vingt-quatre Vieillards qui demeurent dans la séphira *Binah,* sont obligés de constater qu'il parle leur langage, celui de la stabilité. Alors, ils changent les décrets le concernant : de nouvelles possibilités, une plus grande liberté doivent lui être données. Mais ils ne sont pas pressés, ils attendent pour voir combien de temps il persévérera. Et quand ils voient qu'il continue à avancer fidèlement sur la bonne voie, ils sont presque obligés d'écrire une autre page dans sa destinée : ils y font entrer la Providence, c'est-à-dire la grâce.

La grâce appartient à la séphira *Hohmah,* région qui dans l'Arbre séphirotique est immédiatement au-dessus de la séphira *Binah*. Les Vingt-quatre Vieillards communiquent avec elle et ils lui transmettent le dossier de la personne avec avis favorable ! La Providence commence donc dans la région de *Hohmah*. Les séphiroth précédentes sont sous le règne de la justice et du karma, mais avec *Hohmah,* la région du Christ, on entre dans le règne de la grâce, c'est-à-dire de la liberté.*

* Voir tableau et note, p. 374-376.

Ne cherchez pas à fuir systématiquement la souffrance, pensez plutôt à y puiser des forces pour éveiller en vous la vie sublime. Le rôle de la souffrance est précisément de faire surgir des qualités qui n'apparaîtront jamais dans d'autres conditions. Quand il vous arrive de souffrir physiquement ou moralement, bénissez le Ciel en pensant que l'occasion vous est donnée de faire un grand travail sur vous-même à cause de cette souffrance.

Évidemment, je ne parle pas ici de certaines souffrances insupportables : celles-là nécessitent l'aide de la médecine. Je parle, d'une façon générale, de toutes les circonstances désagréables, douloureuses qui ne manquent pas de se produire dans la vie quotidienne. Au lieu de gémir, de pleurer, de pester, il est préférable de chercher à profiter de ces inconvénients pour se mettre au travail et se développer. Comment ? En ne restant pas concentré sur votre souffrance, mais en cherchant à tout harmoniser en vous. Quand ce travail sera terminé, votre souffrance disparaîtra, parce que vous serez arrivé à résoudre le problème qui vous avait été posé.

En tant qu'individu, chacun de nous est indépendant, autonome, c'est entendu. Mais chacun de nous est aussi lié à la collectivité humaine et, au-delà encore, à tous les règnes de la nature et à la collectivité cosmique. Nous vivons donc simultanément deux vies : personnelle et collective. Pour la majorité des humains, cela se passe à leur insu, mais il est souhaitable que cela devienne conscient.

Celui qui est poussé à se fondre dans la vie collective, universelle, ne doit pas perdre conscience de son moi, afin de pouvoir toujours penser et agir comme un être responsable. Et celui qui se sent un individu bien distinct des autres, tout en gardant le sentiment de son individualité, doit prendre conscience qu'il appartient à un ensemble, qu'il est une cellule de l'organisme social et, au-delà encore, une cellule de l'organisme cosmique.

Dans leur cœur, dans leur âme, les humains portent l'image de l'être qu'ils recherchent, qu'ils ont besoin d'aimer. Ils l'imaginent plus ou moins confusément, et lorsqu'ils rencontrent au cours de leur vie des hommes ou des femmes avec qui ils commencent à entrer en relation, inconsciemment ils les comparent avec cette image enfouie en eux.

Cette image idéale qui existe dans la tête de chaque homme, de chaque femme, est celle de son âme sœur. Analysez-vous et vous constaterez que, dans toutes les circonstances de la vie, les attractions et les répulsions que vous éprouvez devant les êtres ont pour origine un modèle que vous portez dans les profondeurs de votre âme et avec lequel vous les comparez.

Comment le principe masculin, le 1, a-t-il créé le principe féminin, le 0, la matière ? En se recourbant et en joignant ses deux extrémités. À ce moment-là, le cercle s'est formé, ce cercle qui représente la matière, l'univers tout entier. Le 1, le principe créateur, est donc premier en toutes choses, et le 0, la création ou la créature, le suit nécessairement. En mettant le 1 devant le 0, on augmente 10 fois sa puissance : le 1 devient 10. Mais si on fait l'inverse, 01, on la diminue 10 fois.

Transposons maintenant ce phénomène dans la vie intérieure : si vous vous mettez, vous, la créature, c'est-à-dire le 0, en premier, et le 1, le principe divin, à la deuxième place, après vous, vous diminuez vos qualités et vos possibilités d'avancement. Tandis que si vous dites : « Seigneur, il n'y a que Toi qui es véritablement grand, puissant et sage, je vais Te mettre devant moi, toujours à la première place et je Te suivrai », vous augmentez vos capacités, vous devenez le 10. Voilà l'attitude du véritable spiritualiste : il donne la première place au Seigneur pour être bien conseillé, bien dirigé.

Quelques grains de poussière s'introduisent dans un appareil : il ne peut plus fonctionner. L'appareil est intact, toutes les pièces sont là, oui, mais un rien a suffi pour entraver son fonctionnement. Et vous, vous êtes là avec votre tête, vos bras, vos jambes et tous vos organes, rien ne vous manque ; mais votre voisin ne vous a pas salué en passant, vous n'avez pas reçu une réponse que vous espériez, un ami vous a dit une parole blessante, vous avez dû attendre plus longtemps que prévu chez le dentiste ou chez le coiffeur (la liste de tous ces petits inconvénients de la vie quotidienne est interminable !)… et vous êtes de mauvaise humeur pour la journée. Ce ne sont là que quelques grains de poussière, mais voilà qu'ils paralysent et font grincer les rouages de vos centres psychiques.

Alors, réfléchissez : est-ce que cela vaut vraiment la peine de gâcher toute une journée pour si peu ? Apprenez à souffler sur toutes ces poussières et vous vous sentirez tellement plus léger et en paix !

La vie nous soumet à de grandes pressions afin que nous amassions et concentrions forces et énergies. Que serions-nous capables de faire dans la dispersion ? De même, devant l'obstacle, nous nous concentrons, nous nous ramassons sur nous-mêmes, nous prenons un peu de recul… et puis nous sautons ! Les obstacles ne s'opposent à nous qu'en apparence. Les obstacles sont là pour que nous les franchissions et devenions plus forts.

Celui qui réclame l'espace et la liberté s'affaiblit. L'espace et la liberté ne doivent venir qu'après beaucoup de compressions et de contraintes. Lorsque nous sommes comprimés dans les plans physique et astral, notre esprit se réjouit, il jubile parce que les possibilités de manifester son pouvoir sur la matière lui sont enfin données.

On considère généralement les idées comme des abstractions, mais une idée est une entité vivante, agissante. Si vous ne le savez pas, c'est parce que vous n'avez pas encore pris conscience des effets que produit une idée jusque dans les profondeurs de votre être. Étudiez-vous et vous découvrirez combien certaines idées vous ont fait du mal, alors que d'autres, au contraire, vous ont magnifiquement aidé. À ce moment-là, vous comprendrez combien il est important de nourrir en soi une idée divine qui peut tout transformer non seulement en vous, mais en dehors de vous.

Et il n'existe pas d'idée plus glorieuse que de travailler pour la lumière, pour le Royaume de Dieu et sa Justice. Cette idée produit de l'or en vous, c'est-à-dire qu'elle vous apporte la santé, la joie, la force, l'intelligence, l'espérance, la foi… Vous êtes régénéré, ressuscité à cause de cette idée.

L'esprit et l'âme sont en nous les manifestations des deux principes cosmiques masculin et féminin. L'esprit représente le feu, et l'âme représente la lumière. L'âme a faim, l'esprit a soif, et chacun se nourrit de l'élément qui lui est complémentaire. L'âme, féminine, aspire à se nourrir du principe masculin, elle mange le feu ; et l'esprit, masculin, a besoin de se nourrir du principe féminin, il boit la lumière.

Et de même que le principe masculin engendre le principe féminin, c'est le feu qui engendre la lumière. La lumière est une manifestation, une émanation du feu. Le feu que vous allumez s'accompagne toujours de lumière. Et plus les matériaux qui alimentent ce feu sont purs, plus la lumière est subtile et claire.

La grande majorité des connaissances mises à la disposition des humains leur donnent la maîtrise de la matière et leur assurent le succès. C'est très bien, mais à cause de la façon dont elles leur sont présentées, elles les éloignent de plus en plus de l'esprit. Voilà la cause de la plupart des déséquilibres que l'on constate chez les individus et dans la société.

Le livre de la *Genèse* s'ouvre par ces mots : *« Au commencement Dieu créa le ciel et la terre »*. Cette phrase résume idéalement toute la philosophie de l'esprit et de la matière. Le ciel, c'est l'âme, l'esprit, la splendeur des vertus. La terre, c'est le monde physique, et toutes les activités matérielles auxquelles l'homme peut s'adonner. Puisque la terre a été créée, c'est qu'elle est nécessaire. Mais Moïse, qui était un grand Initié, a nommé tout d'abord le ciel et ensuite la terre. Tandis que pour la plupart des humains la terre passe avant le ciel. Et même pour certains il n'y a pas de ciel du tout, mais seulement la terre ; c'est pourquoi le monde matériel finit par les engloutir. L'équilibre ou le déséquilibre, dans chaque être humain, a pour cause les rapports qu'il sait ou ne sait pas établir dans sa vie entre l'esprit et la matière.

La prédestination de l'homme, sa prédestination lointaine, est de devenir comme son Père céleste, de s'approcher chaque jour de plus en plus de sa sagesse, de son amour, de sa puissance, et de les manifester dans sa vie. Mais sur le chemin de cette grande prédestination, l'homme doit travailler avec de petites prédestinations. Ainsi, la prédestination des pieds est de porter le corps physique et de marcher dans la direction que la tête leur indique ; quelquefois, le pied donne un coup à quelqu'un, mais ce n'était pas sa prédestination ! La prédestination des mains est de réaliser, de créer, de bénir ; elles peuvent aussi blesser et détruire, mais ce n'est pas leur prédestination. La prédestination des yeux est de regarder, de recevoir les images, la lumière, mais s'ils lancent des regards foudroyants, cela n'était pas dans leur prédestination. Et ainsi de suite pour tous les organes…

Et maintenant, qu'est-ce que l'homme lui-même ? L'homme est une synthèse de toutes ces prédestinations, et son rôle est de les diriger, de les organiser, car elles sont là comme des moyens, des auxiliaires vers sa grande et lointaine prédestination : devenir comme Dieu Lui-même.

Chacun a une ou plusieurs faiblesses auxquelles il ne sait pas résister : il aime trop l'alcool, ou les femmes, il est poussé à calomnier les autres, à gaspiller son argent dans des achats inutiles, à se distraire alors qu'il devrait travailler, etc., les possibilités ne manquent pas ! Pour vaincre ses faiblesses, chacun doit chercher les signes qui lui annoncent la venue de la tentation. Il découvrira que ces signes sont toujours les mêmes et qu'ils sont un avertissement. Qu'il s'analyse et cherche dans son passé les occasions où cette faiblesse s'est manifestée, ainsi que les signes qui l'ont précédée. Il trouvera que cet avertissement peut être une sensation dans le plexus solaire, ou un malaise, ou une image qui se présente à lui, etc.

Il y a toujours des signes pour vous avertir que les tentations approchent, mais ces signes sont différents selon les personnes ; c'est donc à vous de les chercher. Quand vous aurez découvert enfin ces signes avant-coureurs, vous pourrez devenir maître de la situation car, dès leur apparition, vous saurez que vous devez vous montrer vigilant.

Maintenant que l'ésotérisme est à la mode, certaines personnes, après avoir lu quelques bouquins qu'elles ont plus ou moins bien compris, se croient capables d'ouvrir une école et d'avoir des disciples !... Est-ce qu'elles pourront vraiment les éclairer, les aider à se transformer ? Eh non, car pour pouvoir changer les êtres, il faut d'abord s'être changé soi-même. Une jeune fille aime un garçon alcoolique ou qui se drogue et, persuadée qu'elle va l'arracher à son vice, elle l'épouse. C'est bien de vouloir sauver un homme, mais avec quoi va-t-elle le sauver ? A-t-elle suffisamment de connaissances ?... Et voilà que non seulement elle ne le sauve pas, mais il se peut qu'elle se laisse elle-même entraîner à boire et à se droguer.

Combien de gens croient que tels qu'ils sont, ils transformeront l'humanité ! Ils ne se demandent pas : « Est-ce que j'ai le savoir, est-ce que j'ai l'amour, la lumière, la pureté, la volonté, la force morale ? » D'après eux, ils sont capables. Puisqu'ils sont là, puisqu'ils existent et qu'ils en ont le désir, ça suffit. Malheureusement non, et ils échouent.

L'idée de la vie spirituelle fait peur à beaucoup de gens car ils ont l'impression qu'ils vont se jeter dans le vide. Évidemment, se jeter dans le vide est effrayant et dangereux, mais seulement pour celui dont les ailes n'ont pas encore poussé ou qui n'a pas appris à les déployer. Qu'il fasse pousser ses ailes, qu'il s'exerce chaque jour à voler et il ne risquera rien.

Que signifie cette image ? Que celui qui est véritablement animé par le désir de se mettre au service de l'esprit, ne peut pas tomber : ses ailes vont se déployer et il volera dans l'espace. Ce n'est pas parce qu'on reste fixé au sol, sans aucun désir de s'élever, qu'on est nécessairement préservé des chutes, au contraire. Et si certains se sont perdus en vol pour avoir décidé de vivre la vie spirituelle, c'est que cette décision n'était pas inspirée par des mobiles purs, désintéressés et véritablement spirituels.

Pour parler du Royaume de Dieu, Jésus s'est le plus souvent servi de paraboles. Par exemple : *« Le Royaume des cieux est semblable à du levain qu'une femme a pris et mis dans trois mesures de farine, jusqu'à ce que la pâte soit levée. »* Dans ce Royaume des cieux dont Jésus a annoncé la venue sur la terre, ce sont les humains eux-mêmes qui doivent devenir le levain. S'ils travaillent à devenir des ferments spirituels, ils pourront par leur présence, par leurs émanations, influencer le monde entier. Cela dépend de l'intensité de leur lumière, de leur amour et de la force de leur conviction.

Pour entreprendre ce travail, un enseignement, un système philosophique, des méthodes sont nécessaires. Mais d'abord c'est vous qui devez comprendre la nécessité de vivre une nouvelle vie avec une compréhension plus vaste des choses, appuyée, nourrie par un amour plus impersonnel et une volonté sans faille. C'est ainsi que vous deviendrez ce levain, ce facteur bénéfique, constructif, pour le monde entier.

Chacun fait des projets avec des intentions bien déterminées, mais il est impossible de prévoir si, en définitive, les événements tourneront bien ou mal. Vous faites des projets pour un voyage, une association, un changement de domicile ; même s'ils se présentent à vous sous une apparence favorable, en réalité il y a quelque chose qui vous échappera toujours : les conséquences lointaines de votre entreprise. Ou encore, vous voulez nuire à quelqu'un que vous considérez comme un concurrent, un rival, un adversaire, et vous y parvenez ; mais en réalité vous ne pouvez pas savoir si vous lui avez réellement porté préjudice. Combien de personnes à qui certains avaient voulu nuire ont fini, par tout un enchaînement de circonstances, par rencontrer au contraire le succès et le bonheur !

Le bien et le mal… Il faut toujours attendre pour se prononcer : c'est le temps qui nous dit ce qu'il en est réellement. On ne peut comprendre cette question qu'en étudiant des exemples dans sa propre vie et dans l'histoire de l'humanité.

Un enfant sage et obéissant fait évidemment la joie des adultes qui s'exclament : « Oh ! qu'il est mignon, qu'il est adorable ! » Bien sûr, il est plus facile d'avoir affaire à un enfant qui reste tranquille quand on lui dit de ne pas bouger, qui ne parle pas quand on lui dit de se taire, etc. Mais cet enfant si gentil, si docile, que fera-t-il plus tard ? Certainement pas grand-chose, il restera insignifiant.

Tandis qu'un enfant volontaire, indiscipliné, crée des tracas à son entourage, et les parents, les voisins, les éducateurs ne cessent de se lamenter : « Oh ! vraiment il exagère, regardez encore les bêtises qu'il a faites ! » Oui, mais cet enfant-là qui fatigue et importune tout le monde, a bien davantage de possibilités de devenir quelqu'un. Pour le moment on dit qu'il est insupportable, mais lorsqu'il aura appris à diriger ses énergies, il se distinguera par son caractère et ses talents. Et les parents, les éducateurs, qui ont pour tâche de veiller à son épanouissement, doivent l'y aider.

L'être humain ne se réduit pas à son corps physique, grâce à ses corps subtils*, il est en liaison avec le cosmos tout entier. Il vit et vibre avec l'Âme universelle, avec toutes les générations du passé le plus lointain, il est en contact avec le monde des idées, des archétypes, des lois, des forces et des vérités, et ce monde peut se refléter en lui sous forme d'images, de symboles.

Quand vous méditez sur une vérité très élevée qui appartient au plan causal, elle peut provoquer une réaction dans les profondeurs de votre être, et à ce moment-là une forme apparaît à votre conscience : celle d'un être, ou d'un objet, ou d'une figure géométrique. C'est de cette façon que s'expliquent les rêves prémonitoires et les visions prophétiques. Si c'était vous qui deviez trouver vous-même la correspondance exacte, vous n'en seriez pas capable, parce qu'il existe des milliers de formes symboliques. Seule la Nature connaît cette affinité entre les choses et présente à votre esprit une image qui correspond absolument au sujet sur lequel vous vous concentrez.

* Voir note et schéma, p. 372 et 373.

Si un homme exprime son amour à travers sa nature inférieure, déjà son regard reflète le désir d'assouvir ses instincts : il a faim, il a soif, et il veut se rassasier, c'est tout. Alors que si un homme manifeste son amour à travers sa nature supérieure, son regard exprime la beauté, la lumière, la noblesse, parce que cet amour n'exige rien : il veut seulement donner, éclairer, sauver. C'est cet amour qui est l'amour véritable.

Mais voilà, combien de femmes préfèrent un regard enflammé, un regard qui les désire ! Alors là, elles sont heureuses, parce qu'elles s'imaginent que cet amour tellement intense, puissant, expressif, sera un amour durable. Les pauvres ! Elles ne sentent pas qu'un regard sensuel parle d'un amour qui, justement, ne durera pas. C'est la violence d'un feu de paille qui s'éteint aussi vite qu'il a été allumé. Pourquoi les femmes ont-elles si peu de discernement ?

Le professeur qui a terminé son cours ne s'occupe plus de ses élèves, il rentre chez lui où il est repris par ses activités personnelles, ses pensées, ses sentiments, ses problèmes. Il a fait sa leçon, et c'est fini. Tandis qu'un Maître spirituel s'occupe sans arrêt de ses disciples : le jour, la nuit, quand il mange, quand il travaille, quand il dort, il pense à leur âme, à leur esprit, et c'est ainsi qu'il les aide chaque jour, sans arrêt.

Vous vous demandez comment c'est possible ? Mais tout simplement parce qu'un Initié est libre ! Et quand on est libre, quand on a résolu ses problèmes, on peut aider ses amis, ses disciples, ses élèves. Tandis que si on reste toujours trop pris, engagé, emberlificoté dans ses propres affaires, comme c'est le cas de la plupart des humains, que peut-on faire pour les autres ?… Voilà encore une différence entre un véritable Maître spirituel et un instructeur ordinaire.

Comme les pierres, les plantes, les animaux, l'être humain fait partie de l'univers. Mais, en tant qu'être pensant, il a un rôle particulier à jouer : il doit participer à la construction de cet édifice qu'est la vie collective. Tant qu'il travaille seulement pour lui-même, il ne peut rien lui advenir de bon. Vous direz : « Mais comment, si je travaille pour moi, je gagne quelque chose ! » Non, car ce « moi » pour lequel vous travaillez, ce moi égoïste, séparé, est un gouffre et en travaillant pour lui, vous jetez toutes vos richesses dans ce gouffre. Ce n'est pas ainsi qu'il faut travailler.

Les individualistes, les égoïstes ne voient pas tout ce qu'ils pourraient acquérir en travaillant pour la collectivité. Seulement, comprenez-moi bien, quand je parle de « collectivité », il ne s'agit pas uniquement de la collectivité humaine, mais aussi de toutes les créatures dans l'univers jusqu'à Dieu Lui-même. Cette collectivité cosmique, cette immensité pour laquelle vous devez travailler est comme une banque, et tout ce que vous faites pour elle vous reviendra un jour amplifié.

Les plantes, les animaux possèdent, à leur façon, un langage. Mais seul, parmi les êtres vivants, l'homme possède la parole. C'est grâce à la parole qu'ont fleuri les cultures et les civilisations, et c'est grâce à elle aussi que l'homme peut devenir tout-puissant. La véritable magie, la magie divine, c'est la parole lumineuse, harmonieuse, musicale, la parole qui vient de Dieu, le Christ, le Verbe. Dans l'Arbre séphirotique, le Verbe est la deuxième séphira, *Hohmah,* la Sagesse, émanée de *Kéther**. Elle contient tous les éléments, les lettres et les nombres dont Dieu s'est servi pour créer l'univers. Le Christ est le Verbe de Dieu, il est la clé universelle qui ouvre toutes les portes de la vie.

Celui qui travaille sur la parole pour la rendre puissante, vivante, harmonieuse, entre déjà en possession de cette clé. Grâce à elle il peut faire des merveilles, sur lui-même d'abord, puis sur les autres et sur la nature entière. Tel est le devenir extraordinaire qui attend l'être humain : pouvoir agir sur la matière par son verbe.

* Voir tableau et note, p. 374-376.

Trop de gens se lancent dans la pratique de l'ésotérisme et de l'occultisme sans avoir cherché à purifier leur monde intérieur, leurs pensées, leurs sentiments. Ils ne font que patauger dans les couches inférieures du plan astral, c'est pourquoi ils ne connaîtront jamais la réalité du monde spirituel. Même si, comme c'est parfois le cas, ils possèdent de véritables dons et pouvoirs psychiques, il faut qu'ils sachent que cela ne suffit pas. Car le monde psychique n'est pas le monde spirituel, et il ne suffit pas d'avoir un don psychique pour l'exercer correctement.

Les musiciens, les peintres les plus doués n'arrivent à rien s'ils ne se soumettent pas à une discipline, s'ils n'étudient pas sous la direction d'un maître. Un don artistique doit être cultivé ; de même les dons psychiques comme la clairvoyance, la médiumnité, les pouvoirs magnétiques aussi doivent être cultivés. Pour les cultiver, il faut travailler sur la seule qualité qui permet d'y voir clair et d'exercer des influences bénéfiques : la pureté. Et dans ce cas précis, la pureté signifie non seulement la lucidité, mais aussi l'honnêteté, le désintéressement, la conscience des responsabilités.

14 Juin

Toute manifestation, toute naissance est le produit du travail des deux principes : le principe masculin, principe émissif, projette, ensemence, donne le germe de la vie. Et le principe féminin recueille, organise pour produire une œuvre achevée, parfaite. Le travail de création est donc réparti entre les deux principes et il ne faut ni surestimer ni sous-estimer l'importance de l'un ou de l'autre. Lequel est le plus nécessaire, le plus important, ce n'est pas ainsi que la question doit être posée. Tous les deux sont aussi importants, aussi indispensables, mais dans deux domaines différents. Le principe masculin envoie des ondes ou des forces, mais cela ne sert à rien s'il n'y a pas l'autre principe qui répond, qui reçoit et qui travaille sur ce qu'il a reçu.

C'est grâce au travail des deux principes que la vie est possible ; même là où nous ne les voyons pas, même dans le corps physique, ils travaillent ensemble. Et c'est justement quand l'un domine au détriment de l'autre, que commencent les anomalies, les déséquilibres. La science des deux principes est la science de l'équilibre cosmique.

Ne soyez pas tellement indifférents et négligents vis-à-vis des êtres qui vous entourent. Apprenez à les considérer avec un sentiment sacré, et derrière leur apparence, derrière la forme de leur corps ou de leur visage, vous découvrirez leur âme et leur esprit qui sont fils et fille de Dieu. Si vous savez vous arrêter sur leur âme et leur esprit, toutes les créatures que vous avez négligées, méprisées, vous apparaîtront extrêmement précieuses. Le Ciel lui-même, qui les a envoyées sur la terre sous ces déguisements, les considère comme des trésors, des réceptacles de la Divinité.

Donc, chez toutes les personnes que vous rencontrez, ne vous arrêtez pas tellement à l'apparence physique, à la fortune, à la situation, à l'instruction, regardez l'âme et l'esprit. Dites-vous que même ceux qui se promènent ici comme des mendiants ou des clochards sont des princes et des princesses aux yeux de Dieu qui les a créés.

16 Juin

Se sentir poussé dans une direction suffit à beaucoup de gens pour justifier leur conduite. Ils disent : « Eh bien quoi, c'est normal, on obéit à la nature ! » C'est sûr, ils obéissent à la nature, mais à quelle nature ? La nature inférieure. Quand un tigre se jette sur sa proie pour la dévorer, il ne se sent pas coupable, parce que c'est sa nature, la nature animale qui le pousse : il a faim et il mange.

Et il en est de même pour certains êtres humains : ils éprouvent le besoin de voler, de saccager, de violer, d'assassiner, et ils le font sans éprouver le moindre sentiment de culpabilité, parce qu'ils sont entièrement dominés par leur nature animale. On s'étonne : « Mais comment des êtres pareils sont-ils possibles ? » On ne comprend pas. C'est pourtant facile à comprendre : ce n'est qu'au moment où la nature supérieure commence à s'éveiller dans les êtres qu'ils peuvent se sentir coupables des actes que leur a inspirés la nature inférieure et décider de se dominer, pas avant.

Beaucoup de gens considèrent que la morale et la religion ont été inventées par un clergé qui cherchait à dominer le peuple ignorant et crédule. Il est certain que, dans de nombreux cas, le clergé a mis la morale et la religion au service d'intérêts et de passions tout à fait condamnables. Mais la vraie morale, la vraie religion, n'ont rien à voir avec les intérêts de quelques-uns ; elles sont fondées sur la connaissance des grandes lois cosmiques, et en particulier la loi des causes et des conséquences : c'est-à-dire que, suivant sa nature, chaque pensée, chaque sentiment, chaque acte a pour l'homme des conséquences positives ou négatives.

Si on se contente de dire aux gens : « Faites ceci… Ne faites pas cela… » comme à des enfants à qui l'on demande d'obéir sans leur donner d'explications, pourquoi accepteraient-ils ces règles ? Pour leur bonne évolution, on doit leur montrer que la vraie morale comme la vraie religion reposent sur une connaissance des grandes lois cosmiques.

Des armes qui favorisent leur instinct d'agressivité… et un confort qui favorise leur instinct de paresse… les chercheurs, les techniciens peuvent-ils être heureux et fiers d'avoir donné aux humains tellement de moyens pour mieux se détruire ? Car avant d'en arriver à s'anéantir par les armes, ils sont en train de perdre peu à peu leur résistance physique et leurs facultés psychiques à cause de tous ces appareils qui les dispensent de faire des efforts. En apparence il y a progrès, mais en réalité on constate un affaiblissement de la volonté et des facultés spirituelles. C'est pourquoi de plus en plus de penseurs, et de scientifiques même, commencent à douter que tout ce progrès technique contribue au bien de l'humanité.

Cela ne signifie pas qu'on doive arrêter le progrès, non, c'est la nature elle-même qui pousse les humains à faire des recherches. Mais ces recherches doivent être orientées différemment. Il ne faut jamais s'arrêter de chercher, il ne faut jamais s'arrêter d'approfondir les mystères de la nature, mais en prenant une autre direction, la direction vers le haut, c'est-à-dire vers l'esprit.

À force de travail sur sa propre matière, un Initié est un être qui est parvenu à libérer son esprit. Et une fois libre, son esprit va partout dans le monde apporter la lumière et le réconfort aux créatures. Il y a sur la terre tellement de gens qui sont malheureux, qui souffrent, qui sont dans les ténèbres ! Même pendant son sommeil, l'Initié peut les aider avec son esprit. Son corps se repose mais son esprit travaille, car l'esprit n'a pas besoin de repos.

Vous aussi, vous pouvez commencer ce travail, à condition d'apprendre à vous préparer au sommeil. Avant de vous endormir, dites-vous : « Je vais quitter mon corps cette nuit pour aller m'instruire dans le monde invisible et aider les humains. » Pensez désormais à vous endormir avec ce but magnifique. Ainsi vous réaliserez aussi le précepte donné par Jésus : *« Veillez »*.

20 Juin

Ne vous contentez plus de regarder passivement la nature en admirant ses beautés. Dites-vous que par votre pensée, par votre amour vous pouvez faire un travail avec elle afin qu'elle s'ouvre à vous. Vous vous approchez d'une rivière, d'un lac, d'une forêt, d'une montagne, arrêtez-vous un moment et adressez-leur un signe de la main. Vous sentirez intérieurement quelque chose qui s'équilibre, qui s'harmonise… Et beaucoup d'obscurités, de pesanteurs vous quitteront, tout simplement parce que vous aurez décidé de saluer la nature vivante et les créatures qui l'habitent. Touchez seulement une pierre avec amour : quelque chose en elle vous accepte et vibre à l'unisson avec vous, elle vous aime elle aussi.

Mais oui, tout est vivant dans la nature et c'est à vous de savoir ce que vous devez faire afin que cela devienne pour vous une réalité. Le jour où vous saurez entretenir une relation consciente avec la création, vous ne vous sentirez plus ni seul ni pauvre, car c'est la vie divine qui viendra vous remplir de ses bénédictions.

Que vous soyez chez vous, dans la rue, dans une réunion, dans la salle d'attente du dentiste, en lisant, en chantant, en mangeant, en travaillant, en voyageant, pendant quelques secondes au moins, pensez à rétablir le contact avec le Centre cosmique, avec la Source, le Soleil de l'univers, et continuez ensuite ce que vous étiez en train de faire. Il n'y a rien de plus précieux que cette habitude.

Vous direz : « Je le fais, mais je ne vois pas que cela ait produit en moi de grands changements. » Ne demandez pas tout de suite de grands changements, demandez seulement de pouvoir faire cet exercice qui, pour un moment, vous arrache aux pesanteurs de la terre et vous met en communication avec l'immensité. Pendant de tels moments vous êtes en liaison avec la puissance du Principe divin. Que vous faut-il de plus ?

22 *Juin*

À voir les réactions et le comportement habituels de certaines personnes, on dirait qu'elles ressentent la vie comme une divinité ennemie qui cherche le moyen de les anéantir. La vie est bien la plus grande puissance qui existe, mais elle n'a aucune volonté d'anéantir les humains. Les difficultés et les obstacles placés sur leur route ont pour but de les renforcer, pas de les détruire, et c'est à eux de se concilier cette puissance qu'est la vie en apprenant à travailler avec elle.

Pourquoi ce qui est pénible, douloureux pour certains n'est ni pénible ni douloureux pour d'autres ? Exactement comme à l'école où, tandis que certains élèves terminent facilement un exercice en quelques minutes et reçoivent une excellente note, d'autres peinent et reçoivent une note lamentable. Tous les jours la vie présente à chacun de nous des problèmes à résoudre et nous devons nous y efforcer en cherchant les solutions en nous-même. Ceux qui se contentent de contourner les problèmes ou de les fuir, la vie les rattrapera plus loin et ils auront de plus en plus de peine à affronter les difficultés, car ils n'auront pas appris la leçon du jour… comme à l'école, encore, où l'élève insouciant et paresseux n'arrive pas à rattraper son retard. Apprenez à voir dans les épreuves des exercices à faire, des problèmes à résoudre : la force, la foi, l'amour que vous sentirez augmenter en vous au fur et à mesure que vous y parviendrez, seront les diplômes que la vie elle-même vous décernera.

On attend des disciples d'une École initiatique qu'ils soient capables de régler harmonieusement les problèmes qu'ils ont avec leurs proches, sinon ils vont se créer de nouveaux karmas. Pourquoi faut-il que les membres d'une même famille se traînent devant les tribunaux pour des questions d'argent ? Ils ne peuvent pas être un peu au-dessus de ça ? Pourquoi doivent-ils s'accrocher tellement à leurs intérêts, à leurs possessions ? Qu'ils fassent un geste, mon Dieu, et ils seront libres ! Tout d'abord, bien sûr, ils ne seront pas tellement disposés à faire ce geste, ils souffriront, ils sentiront quelque chose qui grince en eux. Mais s'ils y arrivent, ils découvriront de nouvelles régions, de nouvelles lumières, et il n'y aura pas plus fiers et plus heureux qu'eux, parce qu'ils auront réalisé quelque chose de très difficile : vaincre la nature inférieure, avide, possessive.

C'est la nature inférieure en l'homme qui lui conseille sans arrêt de défendre ses intérêts bec et ongles jusqu'à avoir recours à la justice des tribunaux. Et ensuite il se croit capable de suivre un enseignement spirituel ! Eh bien, non, il ne l'est pas.

24 Juin

Pâques, la Saint-Jean, la Saint-Michel, Noël... La façon dont ces quatre fêtes sont réparties sur le cours de l'année doit nous faire réfléchir sur l'importance des événements qui, à ces périodes-là, se produisent dans l'univers. À chacune de ces fêtes correspondent un point cardinal, une saison, un archange, une planète.

La fête de Pâques est en relation avec l'arrivée du printemps auquel préside l'Archange Raphaël ; cet Archange représente Mercure et règne sur le Sud. La Saint-Jean avec ses feux marque le début de l'été ; c'est la saison de l'Archange Ouriel qui représente la Terre et règne sur le Nord. La Saint-Michel marque le début de l'automne ; elle est sous l'influence de l'Archange Mikhaël qui représente le Soleil et règne sur l'Est. La Noël marque le début de l'hiver ; elle est consacrée aux forces de l'Archange Gabriel, qui représente la Lune et règne sur l'Ouest.

Pour chacune de ces quatre grandes périodes de l'année, des forces et des entités déterminées se mettent au travail. Et nous aussi, au moins par notre conscience, nous pouvons participer à ce travail.

Des couches de différentes sortes composent l'atmosphère terrestre. Dans les couches les plus basses s'accumulent des déchets, des poussières où pullulent les microbes. Mais plus on s'élève, plus on entre dans des régions pures et lumineuses. Comme l'atmosphère, l'être humain est fait lui aussi, dans le plan psychique, de plusieurs couches, de plusieurs étages. À chaque étage vivent des créatures différentes, et ce sont tantôt les unes qui se manifestent, tantôt les autres…

Lorsque nous nous élevons intérieurement, les créatures des étages inférieurs sont empêchées de nous suivre, parce qu'au-delà d'un certain niveau elles ne peuvent plus respirer, tout comme les microbes qui ne peuvent survivre au-delà de certaines températures. Donc, plus nous montons, plus nous nous libérons, parce qu'à chaque pas vers le sommet, des entités inférieures sont obligées de nous quitter : elles ne peuvent pas respirer dans les couches supérieures de notre atmosphère.

26 Juin

Chaque jour, le soleil se lève vivant, vibrant, pour envoyer dans l'espace des trésors de lumière, de chaleur et de vie. Mais, même parmi vous, certains en le regardant sont encore là, insensibles, comme s'il y avait un écran entre le soleil et eux. Et c'est vrai qu'il y a un écran à cause de la vie qu'ils ont menée la veille… ou les jours précédents. Ils ne se doutaient pas que leurs actes, leurs pensées, leurs sentiments influenceraient leur état de conscience au moment où ils se trouveraient devant le soleil. Ils ne se sont pas surveillés, et voilà pourquoi devant le soleil ils restent inertes, ils ne sentent rien.

Si vous vous approchez chaque jour du soleil après vous être préparé intérieurement, vous comprendrez qu'il est un monde éblouissant où habitent les entités les plus évoluées, et que vous pouvez, grâce à lui, trouver la solution de tous vos problèmes. Oui, car le soleil peut faire autre chose que de vous donner sa chaleur et sa lumière : il peut ouvrir votre intelligence et votre cœur.

Aussi petite soit-elle, une pierre précieuse est une particule de matière capable de retenir une force cosmique. Mais vous ne devez pas compter sur elle en pensant qu'elle va vous protéger, vous guérir et vous donner des pouvoirs ; si vous ne faites aucun travail, elle ne vous servira à rien. La pierre est comme une antenne, et comme à une antenne il faut lui donner une fonction, des messages à transmettre. Derrière cette pierre, il y a des forces qui tournent, qui vibrent, mais c'est à vous de les fixer, de les orienter.

Chaque pierre précieuse est déjà préparée par la nature pour capter certaines énergies du cosmos et les diffuser, les propager. Mais il ne suffit pas de posséder une pierre précieuse pour bénéficier de ses vertus, il faut apprendre à se servir d'elle pour faire soi-même un travail intérieur.

28 *Juin*

La vérité peut être définie très simplement : elle est comparable à une médaille dont une face est l'amour et l'autre la sagesse. Si vous cherchez la vérité indépendamment de l'amour et de la sagesse, c'est-à-dire indépendamment du cœur et de l'intellect, vous ne la trouverez jamais. Mais dès que vous avez l'amour et la sagesse, vous avez aussi la vérité, même si vous ne la cherchez pas. Vous ne trouverez pas la vérité comme un principe en soi, elle ne peut exister que pour l'homme qui sait travailler à la fois avec le cœur et avec l'intellect.

Si actuellement tant de vérités différentes, contradictoires, circulent et s'affrontent à travers le monde, c'est qu'elles reflètent la déformation du cœur et de l'intellect des humains. Quelqu'un vous dit : « Voilà la vérité ! » Eh non, en réalité, c'est « sa » vérité à lui, et cette vérité parle de son cœur et de son intellect, qui sont insuffisants et déformés, ou au contraire très élevés.

Beaucoup de formules mathématiques peuvent être transposées dans le plan psychique. Prenons la formule : un sur l'infini tend vers zéro. Interprétée symboliquement, elle signifie que l'être humain qui s'éloigne de l'Un, qui s'éloigne de Dieu, va totalement se perdre à la périphérie de l'existence et un jour il ne restera presque rien de lui ; c'est la mort, la mort spirituelle qui l'attend.

La vie est dans le un. Nous devons travailler chaque jour à nous approcher du nombre un, qui est Dieu Lui-même. Lorsque Jésus disait : *« Mon Père et moi nous sommes un »,* il montrait qu'il avait compris et réalisé ce grand principe de l'unité : il s'est fondu dans le Père pour devenir un avec Lui. Toutes les créatures qui ne sont pas inspirées par la philosophie de l'unité enseignée par Jésus et tous les grands Maîtres spirituels, finissent par se disloquer et perdent le sens de la vie.

Toute particule de matière possède une énergie. Ainsi, notre corps physique, qui est matière, possède lui aussi une énergie : c'est cette énergie qu'on appelle l'âme. Mais comme l'être humain est en réalité constitué de plusieurs corps*, chacun possède une âme : pour le corps physique, c'est l'âme instinctive, pour le corps astral l'âme émotionnelle, pour le corps mental l'âme intellectuelle. Et les corps causal, bouddhique et atmique ont aussi une âme que les kabbalistes appellent *Iéhidah, Hayah* et *Neschamah.*

Chaque corps possède donc une âme : le corps est le contenant, l'âme le contenu, l'énergie qui l'anime ; et les deux sont unis. La nature elle-même, le cosmos est un corps, le corps de Dieu, et il a une âme : c'est l'Âme universelle qui le remplit de sa quintessence. Pour la Science initiatique, tout cela est clair et limpide : il y a autant d'âmes que de corps.

* Voir note et schéma, p. 372 et 373.

Un Initié, comme chaque être humain, a besoin de se nourrir. Et se nourrir, ce n'est pas seulement manger et boire, c'est aussi aimer.

Mais ce que cherche l'Initié, c'est de se nourrir de la vie divine, c'est-à-dire de ce qu'il y a de plus subtil chez les êtres. Et quand il rencontre des fruits et des fleurs, c'est-à-dire des êtres humains qui portent cette vie, il arrête son attention sur eux en se disant : « Voilà des aspects du Père céleste, de la Mère divine… Merci Seigneur, merci Mère divine. À travers ces fleurs et ces fruits, j'ai la possibilité aujourd'hui de m'approcher de vous, de vous contempler ; à travers cette splendeur je peux respirer vos parfums, goûter vos saveurs. » Et, sans même les toucher, il part heureux parce que ces fruits et ces fleurs lui ont permis de s'approcher du Ciel.

Des hommes, des femmes ne trouvent pas leur place dans la société, ils s'y sentent ignorés, méprisés, et surtout inutiles, ce qui est un des pires sentiments qui existent. Alors, à quoi vont-ils employer leurs énergies ? Puisqu'on ne leur donne pas la possibilité de construire quelque chose, il ne leur reste qu'à détruire. Ce n'est pas que leur nature soit particulièrement mauvaise, mais quand on se sent injustement ignoré, on est tenté d'attirer l'attention en commettant des actes de violence. Alors là, évidemment, on se fait remarquer, mais qu'y gagne-t-on vraiment ?

Être sensible au regard, à l'opinion des autres n'est pas répréhensible en soi. Seulement, sachez-le, l'estime que vous avez de vous-même ou le sens de votre propre valeur ne doit jamais dépendre de ce regard, de cette opinion, mais de la conscience du travail que vous faites dans le secret de votre cœur pour le bien du monde entier. Donc, même si la société ne semble pas avoir besoin de vous, que cela ne vous chagrine pas : vous trouverez toujours une place pour faire quelque chose d'utile, de bon et de beau. Qu'on le reconnaisse ou non, vous sentirez que c'est là que vous vous épanouissez.

La destinée de l'homme est déterminée par la nature de ses besoins. Prenons un exemple : si vous avez besoin d'une grande quantité de cigarettes et d'alcool par jour, si vous avez besoin d'accumuler des possessions : maisons, voitures, entreprises, si vous avez besoin d'aller tous les soirs dans une boîte de nuit, ou au casino jouer à la roulette, votre destinée est toute tracée : la déchéance, la ruine, peut-être même la prison. Et si vous avez besoin de contempler la beauté divine ou de répandre la paix et la lumière autour de vous, là aussi, c'est clair : vous rencontrerez la joie, la plénitude.

Comment les humains ne s'aperçoivent-ils pas que chaque besoin, chaque souhait, chaque désir les met sur des rails déterminés ? Selon leurs aspirations ils iront vers des régions infestées de guêpes, de serpents, de fauves, où ils vont laisser leur peau… ou bien vers des régions lumineuses, magnifiques, où ils rencontreront toutes les joies. D'après ses penchants, ses goûts, ses désirs, chacun détermine son point d'arrivée.

4 Juillet

Depuis qu'il a quitté le sein de l'Éternel pour entreprendre une longue descente dans la matière, l'être humain a besoin, pour vivre, de toutes les ressources qu'elle peut mettre à sa disposition. Maintenant qu'il s'est tellement éloigné de la Source divine, il lui est impossible d'y retourner sans aucun appui, sans aucun outil ou instrument matériel. Il est donc sage et raisonnable qu'il utilise les moyens matériels qu'il possède. Seulement, il ne doit pas s'en servir pour s'éparpiller et s'éloigner encore davantage du Seigneur, mais pour retourner vers Lui.

Donc, ce qui compte, c'est le but, c'est la direction que vous prenez en vous servant de tout ce que vous apporte le monde matériel. Alors, que vous mangiez, que vous respiriez, que vous vous promeniez, que vous travailliez, que vous aimiez, efforcez-vous de tout mettre en action pour faire chaque fois un pas de plus vers la Source divine, vers l'Esprit.

Les Séraphins, les Chérubins et les Trônes appartiennent à la Triade *Kéther, Hohmah* et *Binah*. Ils sont donc en contact direct avec Dieu Lui-même. Les Séraphins sont les esprits de son Amour ; les Chérubins sont les esprits de sa Sagesse et les Trônes sont les esprits de sa Puissance.

C'est au travers des Séraphins, des Chérubins et des Trônes que les Dominations, les Puissances et les Vertus reçoivent les émanations divines. Elles sont un premier reflet de l'amour, de la sagesse et de la puissance de Dieu. Au-dessous, les Principautés, les Archanges et les Anges en sont un deuxième reflet.* Et c'est à nous maintenant de faire des efforts pour devenir le troisième reflet de la perfection divine, en apprenant à travailler avec tout l'amour de notre cœur, avec toute la lumière de notre intellect et avec toute la force de notre volonté.

* Voir tableau et note, p. 374-376.

6 Juillet

Sur la souffrance, la plupart des religions disent qu'elle nous vient de Dieu : c'est Dieu qui envoie des épreuves aux justes parce qu'Il les aime ; et c'est Dieu aussi qui poursuit les méchants pour les punir de leurs fautes et les obliger à rentrer dans le droit chemin. Qu'en est-il en réalité ?

Il y a des lois immuables qui régissent l'univers créé par Dieu, ainsi que son fonctionnement et son évolution. Et l'être humain fait partie de cet univers. S'il transgresse les lois, il reçoit des coups ; c'est dans ce sens que les religions peuvent dire que Dieu le punit. Et s'il fait des efforts pour toujours mieux comprendre et respecter les lois, les difficultés qu'il rencontre sont aussi pour lui des causes de souffrances, mais ces souffrances, qui se trouvent naturellement sur le chemin de l'évolution, participent à son bon développement. C'est pourquoi on peut dire également que Dieu fait souffrir les justes : Il les fait souffrir parce que c'est son amour qui veut leur croissance, leur épanouissement. Cet amour fait aussi partie des lois cosmiques.

Le renoncement ne doit jamais être une privation, mais une transposition, un déplacement sur un plan supérieur. C'est la même activité qui continue, mais avec des matériaux plus purs, plus lumineux. Vous renoncez, par exemple, à goûter un plaisir dans le plan physique pour goûter ce plaisir dans le plan spirituel, où il est de meilleure qualité.

Ainsi, au lieu d'aller pendant des après-midi entières vous étaler au soleil sur les plages pour vous abrutir et perdre votre temps, vous allez assister le matin au lever du soleil : là, vous sentirez peu à peu votre esprit devenir plus lucide et plus pénétrant. Il ne s'agit pas de ne plus s'exposer au soleil, mais de savoir où, quand et comment le faire afin que ce soit vraiment bénéfique pour vous. Cette transposition peut être réalisée pour tellement d'autres activités ! C'est à vous de voir, en les analysant, comment vous pouvez les déplacer sur un plan supérieur.

Les disciples d'un Maître viennent volontairement auprès de lui. Ce n'est pas le Maître qui est allé les chercher pour les obliger à l'écouter. Mais souvent, que se passe-t-il ? Quand le Maître, qui ne pense qu'à leur avenir, à leur évolution, qui emploie tout son temps et ses forces à leur être utile, leur dit quelques vérités un peu désagréables sur eux-mêmes, au lieu de comprendre qu'il agit ainsi pour leur bien, les voilà chagrinés, vexés, révoltés. Pourquoi ? Parce qu'ils restent sous l'influence de leur nature inférieure qui se sent offensée à la moindre critique. Eh bien, ce n'est pas intelligent.

Quand votre Maître veut vous donner les moyens de juguler votre nature inférieure, au lieu de pousser des cris de protestation, donnez-lui un coup de main. Si vous protégez votre nature inférieure, vous démolissez le travail de votre Maître qui cherche à vous aider. Collaborez plutôt avec lui. Quand votre nature inférieure verra que personne ne prend son parti, elle finira par baisser pavillon.

Le soleil est la source de l'amour universel : il dépose ses particules de vie dans toute la nature, et ce sont ces particules que nous recevons ensuite au travers des pierres, des plantes, des animaux, et même des humains. Oui, les hommes et les femmes possèdent aussi quelques particules du soleil, mais évidemment très peu, parce qu'ils ne font pas l'effort de les attirer ; c'est pourquoi ils ne peuvent pas s'apporter mutuellement la plénitude.

Le véritable amour se trouve à profusion dans le soleil, et c'est là qu'il faut le chercher. Tant que vous ne boirez pas à la source, vous ne trouverez que de petites gouttes de rosée condensées çà et là sur quelques feuilles, sur quelques fleurs, et c'est peu de chose. Il y a certainement quelques endroits dans le corps de l'homme ou de la femme où l'amour se dépose un peu, mais si vous le cherchez seulement là, vous serez toujours affamé et assoiffé. Et c'est ce qui arrive à la plupart de ceux qui s'aiment : ils ne se sentent pas comblés, il leur manque toujours quelque chose. Il faut qu'ils aillent à la source chercher cet immense amour qui inonde toute la création. Ensuite, qu'ils aiment un homme ou une femme, s'ils veulent ! Mais pour trouver la plénitude, c'est à la source qu'ils doivent d'abord s'abreuver.

Au-delà de ce que nous voyons de lui, notre corps physique est comme muni d'antennes éthériques grâce auxquelles il est en communication avec la nature tout entière : il émet des ondes et il en reçoit. Depuis la plus haute Antiquité, il est connu qu'un corps dénudé est doué de pouvoirs magiques qu'il perd lorsqu'il est vêtu. Ainsi, les hommes et les femmes qui savent comment s'exposer nus aux influences de la terre, de l'air, de l'eau, du soleil, peuvent les faire servir à leur travail spirituel, qu'elles soutiennent et renforcent.

Mais ce qu'il faut savoir aussi, c'est que ces antennes dont le corps physique est pourvu attirent indifféremment les bons et les mauvais courants. C'est pourquoi, si vous vous exposez nu, ou presque, comme c'est le cas sur les plages, l'été, soyez vigilant. Vous ne pouvez le faire sans danger que si vous savez vous fermer à tous les courants négatifs, ténébreux, et vous ouvrir seulement aux courants lumineux et divins. Et là encore, c'est par un travail de la pensée que vous arriverez à vous protéger.

Celui qui se laisse traverser par toutes sortes de pensées et de désirs contradictoires entretient le désordre en lui, et il ne doit donc pas s'étonner s'il n'arrive plus à se retrouver. Combien de gens se plaignent : « Je ne sais plus où j'en suis ! »… Pourquoi ? Parce qu'ils ont souhaité et accumulé trop de choses hétéroclites, et maintenant ils sont plongés dans la complication jusqu'au cou.

D'où le diamant tient-il sa pureté ? Du fait qu'il est sans mélange, du pur carbone. Ajoutez-lui un autre élément, il ne sera plus un diamant. De la même façon, ceux qui veulent tout goûter, tout toucher, tout expérimenter, tout connaître, perdent leur valeur de diamant, ils ne sont plus que des pierres opaques. Le véritable disciple doit se diriger vers un but unique, avoir un seul idéal, un seul désir, une seule nourriture, symboliquement parlant. Alors, comme le diamant, il se sentira traversé par la lumière.

Une médecine qui se limite à intervenir sur l'organe malade ne repose pas sur de bons principes. La médecine, la vraie, doit toucher l'être tout entier ; quand on s'efforce de régénérer l'être dans sa totalité, c'est chaque organe, chaque point du corps qui bénéficie de cette régénération. La médecine de l'avenir ne s'occupera plus de guérir un organe seulement : elle apprendra aux humains à rétablir leur être entier, à le purifier, à le mettre en harmonie avec l'univers. Alors, ce ne seront plus seulement les malaises déclarés qui disparaîtront, mais aussi d'autres troubles encore cachés qui attendaient l'occasion de se manifester.

Pour le moment on prescrit des médicaments pour tel organe, on opère tel autre, mais l'être humain continue à être mal portant, parce qu'on n'a pas de lui une vision totale. Dans l'avenir, on apprendra à travailler de telle sorte que le moindre malaise sera l'occasion d'agir sur l'ensemble de l'organisme.

Les parents, les éducateurs ont pour tâche d'éveiller chez les enfants le sens du monde divin, avec toute la hiérarchie des créatures célestes qui s'élèvent jusqu'au trône de Dieu. Oui, l'essentiel, c'est d'inscrire dans l'âme et l'esprit de la jeune génération cette idée qu'il existe un monde sublime auquel ils peuvent recourir, non seulement dans les difficultés et les épreuves, mais dans toutes les circonstances de la vie quotidienne, afin d'y puiser la force, le courage, l'inspiration.

Évidemment, je ne dis pas que ces jeunes, instruits des vérités de la Science initiatique, auront la révélation immédiate du monde divin, non, mais dans ce lien qu'ils auront appris à établir avec le Ciel, ils trouveront toujours des ressources spirituelles. Ils porteront en eux un monde riche et puissant, et dans des conditions où les autres se découragent, tombent ou deviennent des victimes ou des malfaiteurs, eux progresseront, s'amélioreront et deviendront des modèles.

Il est dit dans la *Genèse* que Dieu créa l'homme à son image, et puisque Dieu, c'est aussi l'univers, l'homme est donc à l'image de l'univers. Bien sûr, quand on l'observe dans la plupart de ses manifestations, on se dit qu'il n'est pas grand-chose. Oui, mais en même temps, comme Dieu, il est l'univers entier.

Notre intelligence, qui ne peut concevoir que le monde à trois dimensions, est incapable de saisir l'être humain dans son immensité. Ce que nous voyons, touchons et entendons de lui n'est qu'un aspect très limité. L'être humain véritable, on ne le connaît pas, on ne connaît de lui que des enveloppes : comme le plongeur revêtu d'un scaphandre ou l'esquimau couvert de peaux de bêtes, il est revêtu de plusieurs peaux, ses différents corps, et ce sont elles que nous connaissons plus ou moins. Si l'on sait, pour ainsi dire, retirer ces peaux les unes après les autres, on découvre un point minuscule, un atome de lumière. Mais, en même temps, on comprend que l'être humain est immensément grand et qu'il embrasse l'univers entier. Ces deux affirmations sont vraies en même temps.

Voici quelqu'un qui part en vacances, et sur le seuil de sa maison il fait une petite prière : « Seigneur, protège ma maison des voleurs. » Regardez-moi ça : c'est le Seigneur qui doit garder sa maison, et lui, pendant ce temps, il ira se promener, s'amuser ! Et si au retour il trouve sa maison cambriolée, évidemment il sera furieux contre le Seigneur qui n'a pas bien fait son travail. Est-ce qu'il croyait vraiment que le Seigneur, le pauvre, allait s'ennuyer à garder une maison pendant que lui prendrait des vacances ? Mais comment les humains considèrent le Seigneur ?... Il ne faut donc pas s'étonner si, de temps à autre, les esprits d'en haut décident de donner une leçon à un bonhomme insouciant qui prend le Seigneur pour son concierge : ils poussent quelques chenapans à aller le dévaliser.

Vous direz : « Mais alors, il est interdit de demander au Seigneur de protéger sa maison ? » Non, mais d'abord, il ne faut pas s'imaginer que c'est Lui qui va le faire, il faut plus humblement Lui demander d'envoyer un de ses serviteurs. Ensuite, il faut soi-même promettre quelque chose : promettre d'observer telle règle de sagesse, d'honnêteté, de bonté. C'est ainsi que l'on crée les conditions pour être exaucé. On doit toujours donner quelque chose en échange de ce que l'on demande.

16 Juillet

Vous entrez dans une forêt : tâchez de prendre conscience qu'une multitude de créatures sont là qui vont et viennent, occupées à différentes activités, et qu'elles vous voient. Essayez de vous mettre en relation avec elles, et même adressez-leur la parole pour leur montrer que vous appréciez leur travail.

Approchez-vous d'un arbre, par exemple, et dites-lui : « Que tu es beau ! Que tu es puissant, résistant, solide ! Ah ! si je pouvais avoir moi aussi ta résistance, ta solidité ! Je te charge de dire à tous les autres arbres de la forêt qu'ils sont magnifiques, que je les aime ; salue chacun de ma part, transmets-leur mon baiser. » Vous embrassez l'arbre, et alors, les entités qui l'habitent vont transmettre votre amour à toute la forêt. Ainsi, pendant que vous continuez à vous promener, les autres entités qui ont reçu votre message sortent des arbres pour vous regarder ; elles sont émerveillées, elles dansent sur votre passage. Et quand vous retournez chez vous, vous êtes heureux, vous sentez que vous avez goûté quelque chose de la vraie vie.

La mesure est nécessaire en toute chose. Oui, et même pour la bonté, car si là aussi on manque de mesure, on en subit nécessairement les inconvénients. Manquer de mesure n'est ni méchant ni criminel, mais c'est une faute, et toute faute entraîne une sanction.

Je vous donnerai un exemple. Je reçois une jeune femme qui me dit : « Ô Maître, je suis tellement malheureuse ! Je pleure jour et nuit. – Mais pourquoi ? Que vous est-il arrivé ? – Eh bien, moi qui aimais tellement mon mari, qui prévenais tous ses désirs, qui l'entourais de tellement d'affection, de chaleur, voilà qu'il m'a quittée, il est parti avec une de mes amies. – Ah ! Et comment est-elle, cette amie ? – Oh, elle est égoïste, froide. – Eh bien, voilà justement le malheur : vous étiez trop chaude, il est allé se rafraîchir. » Évidemment, on me dira : « Alors, la bonté, ça ne sert à rien ?… » Malheureusement, la bonté aveugle peut entraîner quelqu'un dans les pires situations. Même les gens les plus merveilleux, s'ils ne connaissent pas la mesure, reçoivent des tuiles sur la tête. Ce n'est pas une punition, non, mais en ne connaissant pas la mesure ils ont déclenché une loi et ils reçoivent quelques coups.

18 Juillet

Que les humains sont imparfaits, c'est évident, mais l'attitude qui consiste à les critiquer sans cesse n'est pas du tout pédagogigue. La question est de savoir si on veut seulement se laisser aller à son mécontentement, à son exaspération, ou bien si on souhaite les aider. Si vous souhaitez aider quelqu'un, vous devez vous montrer pédagogue, et pour cela, vous adresser à ce qu'il y a de meilleur en lui, lui montrer que vous voyez ses qualités (tout le monde en a au moins une) et faire appel à elles. Vous touchez son amour-propre, il essaie de ne pas vous décevoir, et c'est ainsi que vous arrivez à l'améliorer.

Ne vous imaginez pas arriver à améliorer quelqu'un en soulignant sans arrêt ses imperfections, en le traitant d'incapable, de menteur, de malhonnête, car à ce moment-là, il ne fait plus d'efforts. Puisque vous vous êtes déjà formé sur lui une opinion définitive, pourquoi ferait-il des efforts ?

Sous prétexte qu'ils travaillent pour la sécurité de leur pays, des scientifiques croient pouvoir justifier leurs inventions les plus meurtrières : ils remplissent un devoir de la plus haute moralité. Eh bien, pour la Science initiatique ce n'est pas là un argument, car la Science initiatique est une science universelle qui ne tient pas compte des frontières, elle n'admet aucune forme de limitations. Elle enseigne ce qui est vraiment bon ou mauvais, moral ou immoral pour le monde entier. Donc, si nous nous adressons à la Science initiatique pour lui demander son opinion, elle se prononcera clairement et ne justifiera jamais les agissements qui sont bons pour un pays et mauvais pour d'autres.

Aux yeux de l'Intelligence cosmique, l'essentiel, c'est toujours le but dans lequel nous travaillons, comment nous utilisons les énergies et les talents qu'elle nous a donnés. Donc, seul l'être qui mobilise toutes les ressources en lui pour l'avènement du Royaume de Dieu dans le monde est approuvé, accepté et glorifié en haut.

Celui qui veut s'adonner exclusivement à la prière, à la méditation, au travail de la pensée, en supprimant totalement le travail physique, produira en lui de grandes anomalies. L'homme est créé pour vivre dans les trois mondes : mental, astral, physique,* c'est-à-dire le monde de la pensée, le monde du sentiment et le monde de l'action. Si vous négligez l'un de ces trois plans, vous vous mutilez, vous perdez votre intégrité et vous ne pouvez pas vous présenter devant l'Éternel comme un être qui a cherché à développer harmonieusement toutes les possibilités qu'il a reçues de Lui. De plus, il faut savoir qu'en négligeant un plan, on nuit à la qualité des deux autres.

De nos jours le travail physique est dévalorisé et, aussi souvent qu'on le peut, on le laisse aux appareils, aux machines. On marche de moins en moins, on monte de moins en moins d'escaliers. Mais quand on refuse les efforts dans le plan physique, on finit par rencontrer des obstacles dans les domaines affectif et intellectuel aussi.

* Voir note et schéma, p. 372 et 373.

« La vie est un songe », c'est ce qu'ont dit des poètes, des mystiques, des philosophes, des auteurs dramatiques. Mais ce n'est pas parce que la vie est un songe qu'on doit se laisser aller à rêver, ou plus exactement rêvasser, comme le font beaucoup de gens. Ils désirent ceci, ils souhaitent cela… mais ces rêves décousus, sans tête ni queue, inspirés uniquement par la sensualité, les caprices ou la paresse, ne sont pas à conseiller.

On peut rêver, bien sûr, et même on doit rêver, mais à condition que ce soient des rêves conscients, divins, orientés toujours dans le sens du bien et de la lumière : le Royaume de Dieu sur la terre, tous les êtres enfin libres, vivant dans l'amour et dans la paix. Si beaucoup plus d'hommes et de femmes faisaient souvent ces rêves-là, ils contribueraient plus rapidement à leur réalisation. Il dépend de chacun de nous de créer des images sublimes qui contribueront à la transformation du genre humain.

Nombreux sont les objets symboliques qui représentent l'être humain. Parmi eux, on trouve le caducée d'Hermès. Les deux serpents qui s'entrecroisent de part et d'autre du bâton central sont les deux courants positif et négatif qui ondulent de part et d'autre de la colonne vertébrale. Les hindous nomment ces deux courants Ida et Pingala, et Soushoumna le canal central à l'intérieur de la colonne vertébrale. L'Initié est celui qui sait travailler avec ces deux courants : au fur et à mesure de son travail, il acquiert des pouvoirs qui lui permettent d'agir sur la nature, sur lui-même, et sur les autres. C'est pourquoi on a fait du caducée un symbole de la médecine.

Le caducée d'Hermès représente toute une philosophie et une discipline de vie fondées sur les deux principes. Il nous apprend comment travailler avec les deux courants positif et négatif qui circulent dans l'univers. Un véritable Initié qui travaille avec les deux principes, qui connaît la puissance des deux principes comme instruments, comme armes, comme remèdes, cet Initié possède les pouvoirs véritables.

Observez-vous et vous constaterez que ce ne sont pas de grands malheurs, de grands accidents qui rendent votre existence pénible – les grands malheurs et les grands accidents ne se produisent pas tous les jours. Ce qui rend votre existence difficile, ce sont les quelques contretemps, les quelques inconvénients auxquels vous donnez trop d'importance et qui bouleversent ou paralysent toute votre vie intérieure.

Alors, décidez-vous une fois pour toutes à couper court à tous ces petits chagrins, ces petits désagréments, ces petites vexations qui empoisonnent votre vie quotidienne, et vous commencerez à goûter enfin la paix et la liberté.

Que vous en soyez conscient ou non, tout ce qui vous entoure vous influence. Mais justement, l'important est d'en devenir conscient pour faire un travail bénéfique sur vous-même. Dès que vous sentez qu'une créature, un objet, un phénomène de la nature vous influence favorablement, efforcez-vous d'ouvrir consciemment vos portes intérieures afin que ces influences vous pénètrent profondément. Si vous ne vous ouvrez pas, même les meilleures choses resteront inefficaces, elles ne vous toucheront pas.

Allez auprès d'une source, d'une fontaine qui jaillit, et imaginez que c'est en vous que cette source jaillit et coule… Allez auprès du soleil, contemplez-le, ouvrez-vous à lui afin qu'il éveille en vous le soleil spirituel, sa chaleur, sa lumière… Allez auprès des fleurs pour leur demander le secret de leurs couleurs, de leurs parfums, et écoutez-les, afin d'apprendre à extraire vous aussi les quintessences les plus parfumées de votre cœur et de votre âme…

Une tradition rapporte que les roses sont des entités qui viennent de la planète Vénus ; elles ont accepté de s'incarner sur la Terre pour aider les humains. Mais qui connaît cette mission des roses ? On se sert d'elles pour orner les jardins et les appartements, pour attirer un homme ou séduire une femme. En réalité la rose est là pour nous révéler le chemin de l'amour véritable. Voilà le rôle, le message de la rose.

Si la rose est considérée comme la reine des fleurs, c'est parce qu'elle nous enseigne le véritable amour, l'amour qui n'emprisonne pas, l'amour qui libère. Le jour où les humains comprendront le sacrifice qu'elle a fait en venant parmi eux et accepteront de recevoir son message, peut-être deviendront-ils semblables à elle : partout où ils passeront, ils embaumeront l'atmosphère d'un parfum délicieux.

26 Juillet

Joindre les mains est un des gestes de la prière, et ce geste est rempli de signification. La main droite et la main gauche qui se joignent représentent l'union de l'intellect et du cœur, de la pensée et du sentiment. Grâce à sa lumière, l'intellect trouve la meilleure demande à adresser au Ciel, et le cœur, par sa chaleur, soutient cette demande.

Sur combien de leurs tableaux les peintres ont représenté des personnes en prière, même des enfants et des anges avec les mains jointes ! Cela ne veut pas dire que pour prier il faut obligatoirement joindre les mains physiquement, non, car ce n'est pas le côté physique qui compte, mais le côté intérieur. Il faut joindre l'intellect et le cœur, et plus haut encore l'esprit et l'âme, car c'est leur union qui fait la force de la prière.

Quand on souhaite fonder une famille, on est obligé de faire des efforts pour sortir de soi, pour s'ouvrir à l'autre, mari ou femme, et plus tard aux enfants. Seulement, l'erreur des humains, c'est de ne pas avoir compris qu'ils devaient élargir encore ce cercle de la famille, étendre leur amour à d'autres créatures, à l'univers entier. C'est pourquoi ils ne sont pas encore heureux, même avec leur famille et leurs amis.

Le bonheur, c'est de ne pas s'arrêter sur un être, ou deux, ou dix, ou cent… mais d'aimer à l'infini. Continuez donc à aimer ceux que vous aimez déjà, mais élargissez encore le cercle de votre amour pour avoir des échanges avec toutes les créatures supérieures : les anges, les archanges, les hiérarchies célestes, le Seigneur… Alors, votre famille, vos amis se trouveront enrichis, renforcés, embellis, purifiés à cause de tous ces états sublimes que vous nourrissez dans votre cœur et dans votre âme.

À Nicodème, docteur de la Loi, qui était venu l'interroger, Jésus dit : *« Si un homme ne naît d'eau et d'esprit, il ne peut entrer dans le Royaume de Dieu ».* L'eau est un symbole de la pureté, et l'esprit est un feu. L'esprit, le feu, a besoin de l'eau, la pureté, car la pureté est la condition pour que soit révélée la lumière produite par le feu. Nous devons donc travailler sur notre cœur et notre intellect, afin de naître un jour de l'eau, la pureté de l'amour divin, et du feu, la lumière de la sagesse divine. C'est cette nouvelle naissance qui nous ouvre les portes du Royaume de Dieu.

Chaque manifestation dans la vie est une naissance. Mais seuls l'âme (qui est le cœur supérieur) et l'esprit (l'intellect supérieur) sont à l'origine de toutes les naissances dans le plan spirituel. Nous sommes habités par des milliards d'entités, chacune d'elles doit naître une deuxième fois, et c'est à nous de leur donner les conditions pour cette nouvelle naissance.

Qui d'entre vous n'a pas dans son entourage, ou même dans sa famille, quelques personnes qu'il trouve difficiles à supporter ? Mais au lieu de se plaindre et de récriminer, vous devez considérer ces personnes insupportables comme autant de bonnes occasions de faire des efforts et d'apprendre à aimer. Oui, c'est un apprentissage.

Un jour, quand vous quitterez la terre et que vous vous présenterez devant les entités célestes, elles vous demanderont des comptes. Elles vous diront : « Pourquoi n'avez-vous pas eu d'amour pour vos semblables ? – Parce qu'ils étaient désagréables, antipathiques… – Non, ce n'est pas une raison. Le Ciel vous avait donné de grandes richesses, vous aviez reçu des bras, des jambes, des oreilles, une bouche, des yeux, et surtout un cerveau, mais au lieu de vous en servir pour vous rendre utile aux autres, vous vous êtes contenté de les critiquer, de les mépriser. – Mais ils étaient tellement misérables ! – Eh bien, justement, c'était une raison supplémentaire pour agir envers eux avec plus de générosité. » Rien ne pourra vous justifier.

« J'attends d'avoir réglé toutes mes affaires matérielles, et alors je pourrai me consacrer à la vie spirituelle. » Voilà ce que j'ai souvent entendu. Et alors, qu'est-ce que je réponds ? Que c'est impossible. Pourquoi ? Parce que les affaires matérielles ressemblent à une balle de caoutchouc percée. Vous avez vu une balle de caoutchouc percée : un peu d'air s'est échappé et quoi qu'on fasse, il y aura toujours un creux quelque part. De la même manière, vous n'arriverez jamais à régler totalement les affaires matérielles, il y aura toujours quelques détails auxquels vous devrez remédier. Après le métier, ce sera la femme (ou le mari), la maison, les enfants, la santé… Jamais vous ne serez complètement libre.

Donc, n'attendez pas que vos affaires matérielles soient au point pour commencer à vivre la vie spirituelle ; elles ne le seront jamais ! Et quand vous serez à la retraite, quand vous croirez que tout est enfin arrangé parce que votre fils s'est marié et votre fille aussi, si on vous dit : « Allez, méditez… » vous répondrez : « Je ne peux pas, mon cerveau est fatigué, il ne réagit pas. » C'est tout de suite, sans attendre d'avoir arrangé quoi que ce soit dans le plan matériel, que vous devez commencer à donner à votre vie une direction spirituelle.

La plus grande crainte que puisse éprouver un Initié est celle de troubler l'ordre cosmique instauré par le Créateur, parce qu'il sait que c'est lui-même qui, un jour, sera victime des désordres qu'il aura provoqués. Mais ce qui est extraordinaire, c'est que là où les Initiés tremblent, la majorité des humains sont tranquilles, sûrs d'eux, ils sont même audacieux. Évidemment, quand on ne sait pas les dangers que l'on court, on peut être audacieux ! Ils laissent s'introduire dans leur tête une idée anarchique, en ignorant que cette idée va peu à peu communiquer le désordre dans tout leur être et qu'ils finiront par devenir de véritables champs de bataille. Combien, sous prétexte de montrer leur indépendance, se conduisent en anarchistes ! Ils ne savent pas que la véritable force est de s'incliner devant les lois divines.

Tout notre bonheur, tous nos succès à venir sont basés sur le respect de cet ordre sublime que Dieu a institué et qui est respecté par les Anges, les Archanges, toutes les entités célestes… excepté par les humains ! Ce respect de la hiérarchie divine est la règle essentielle d'un Enseignement initiatique.

Tout ce qui existe dans le monde visible, forme, manifestation, a son origine dans le monde invisible. Une pensée, un sentiment, une émotion qui naît en nous s'habille peu à peu de matière, et reçoit une forme déterminée correspondant à sa nature. C'est ainsi que, bien qu'invisibles, ils laissent des traces visibles sur notre visage et sur notre corps.

Nos pensées et nos sentiments agissent d'abord sur les vibrations les plus secrètes de notre être, sur nos émanations, puis sur la couleur de notre peau, sur notre parfum, et enfin sur la forme de notre corps. C'est ainsi que notre visage et notre corps actuels ont été formés et déterminés par les états psychiques que nous avons vécus dans des existences antérieures. Le disciple, qui sait qu'il est le sculpteur de son propre corps, travaille par ses pensées et ses sentiments à faire de ce corps un temple aux formes et aux proportions harmonieuses.

Voici quelqu'un qui se trouve très malheureux et il vient m'expliquer pourquoi. Je lui demande : « Avez-vous remercié aujourd'hui ? – Remercié… ? Mais qui ? Et pourquoi ? – Vous pouvez marcher, respirer ? – Oui. – Vous avez pris votre déjeuner ? – Oui. – Et vous pouvez ouvrir la bouche pour parler ? – Oui. – Eh bien, remerciez le Seigneur. Il y a des gens qui ne peuvent ni marcher, ni manger, ni ouvrir la bouche. Vous êtes malheureux parce que vous n'avez jamais pensé à remercier. Pour changer votre état, il vous faudrait tout d'abord reconnaître que rien n'est plus merveilleux que le fait d'être vivant, de pouvoir marcher, regarder, parler. »

Les humains auraient des milliers de raisons de remercier, mais ils ne les voient pas. Ils sont ingrats. C'est pourquoi le Ciel les fait passer par des épreuves, tout simplement pour leur apprendre à être enfin reconnaissants.

Avez-vous vu des fauves dans un cirque ? Tant que le dompteur est là, ils se tiennent tranquilles et lui obéissent ; mais dès qu'il les quitte, ils grognent, se provoquent et sont prêts à se jeter les uns sur les autres. Eh bien, sachez qu'il se passe la même chose avec les cellules de votre corps. Tant que vous êtes présent, vous les dominez et elles sont soumises. Mais dès que vous vous absentez, que vous devenez négligent, elles n'en font qu'à leur tête et votre organisme s'en ressent douloureusement.

Vous devez donc vous occuper de vos cellules, les assagir, les nourrir, les purifier ; et là, évidemment, vous ne devez plus les considérer comme des fauves, mais comme vos enfants. Et c'est seulement quand vous serez arrivé à les éduquer pour qu'elles fassent leur travail sans discuter ni se quereller, qu'alors, enfin, vous connaîtrez la paix.

Pour celui qui sait les interpréter, les cartes du Tarot sont pleines de sens. Prenons la première carte, le Bateleur, qui correspond à la première lettre de l'alphabet hébraïque : Aleph. Elle représente un homme debout devant une table, un bras levé, l'autre baissé. C'est donc un homme en train d'agir. Mais que fait-il ? Par le bras levé il est en contact avec le Ciel, et par le bras baissé il est en contact avec la terre, avec les humains. Les forces du Ciel qu'il reçoit le traversent, et il les donne à la terre. Il est la lettre Aleph א qui, schématiquement, ressemble à un homme avec un bras tendu vers le ciel et un autre tendu vers la terre.

Mais être Aleph, c'est aussi savoir prendre les forces de la terre et les projeter vers le Ciel, donc se manifester comme un intermédiaire. C'est ce que Jésus a exprimé en disant : *« Nul ne peut aller au Père que par moi. »* Aleph est un symbole de l'homme parfait, parce qu'étant lié au Ciel, il travaille pour la terre, pour toute l'humanité.

Même si ce n'est pas une idée très répandue, vous devez comprendre que la science, la religion et l'art sont indissociables, parce que dans la nature déjà, ils sont liés. C'est donc une grande erreur de la part des humains que de les avoir séparés au point même de provoquer des conflits entre eux. Tant qu'ils les maintiendront séparés, il manquera quelque chose à leur compréhension de la vie.

La science, la religion et l'art forment une unité grâce à laquelle l'homme peut s'épanouir en plénitude. La science est un besoin de l'intellect. La religion est un besoin du cœur. L'art est un besoin de la volonté qui veut exprimer quelque chose, créer, construire… Et ces trois besoins sont étroitement liés en l'homme, car ce qu'il pense, il va ensuite le ressentir, et enfin l'exécuter.

Dans tous les pays, c'est la coutume d'apporter quelque chose aux personnes auxquelles on rend visite : des fleurs, des gâteaux, des bonbons, etc. Cette tradition, très ancienne, est basée sur une loi : il ne faut pas se présenter chez quelqu'un les mains vides. Et non seulement il ne faut pas se présenter les mains vides, mais il est souhaitable d'aller toujours au-devant des autres avec le désir de leur apporter de bonnes choses de son cœur et de son âme.

Il est donc très important de veiller à ne pas saluer quelqu'un en tenant un récipient vide, afin de ne pas lui apporter du vide pour le reste de la journée. Quand vous devez rencontrer un ami, ne tenez jamais à la main un panier, un seau ou une bouteille vide. Si vous devez absolument tenir un récipient, remplissez-le. Il n'est pas nécessaire que ce soit un contenu bien précieux, cela peut être seulement de l'eau qui est encore une des choses les plus précieuses aux yeux du Créateur. Et présentez-vous devant cet ami avec la pensée que vous lui apportez la santé, la joie, la plénitude, toutes les bénédictions.

Croyant que cela suffit pour excuser leurs faiblesses, certaines personnes disent : « Que voulez-vous, je n'y peux rien, je suis faite comme ça ! » Eh bien, voilà un argument purement biologique qui n'est pas convaincant du tout. Nous sommes tous « faits comme ça » ! Mais nous tous, aussi, avons une intelligence qui est là pour remédier à l'ordre biologique, et c'est grâce à elle que l'humanité a pu s'élever au-dessus de l'animal. Enlevez à l'homme cette intelligence, de nouveau il retombera dans la bestialité.

C'est l'intelligence, c'est le principe spirituel qui cultive, améliore, perfectionne toutes choses. Si vous l'abandonnez en disant : « Je n'y peux rien, je suis fait comme ça », vous n'arriverez jamais à réaliser le moindre progrès. Il ne faut pas raisonner ainsi. Quel que soit votre tempérament, votre constitution, ne prenez pas cela comme un argument pour capituler ; cherchez au contraire ce facteur en vous qui peut tout améliorer et perfectionner. Prenez-le pour guide, appuyez-vous sur lui et travaillez avec lui.

Soyez patient et vous vivrez longtemps. Vous direz : « Mais ce n'est pas possible, il faut dépenser tellement d'énergies pour supporter les situations et les gens difficiles ! » Non, au contraire. C'est dans l'impatience que vous gaspillez le plus d'énergies. Le calme et la patience renforcent la vitalité et prolongent la vie. Celui qui, après avoir explosé, s'exclame : « Ah ! je me sens mieux ! » ne se rend pas compte que ce « mieux » est en réalité une grande perte. Qu'il s'analyse pour savoir ce qui se sent mieux en lui : sa nature supérieure ou sa nature inférieure ? Et un moment après, en repensant à cette explosion, est-il vraiment content de lui ? Ne se dit-il pas qu'il aurait été préférable qu'il sache se maîtriser ?

Cherchez à expérimenter en vous l'efficacité de cette vertu, la patience. Plutôt que d'avoir recours à toutes sortes de sirops, potions, élixirs et autres breuvages, buvez de la patience ! C'est elle qui ranimera en vous les puissances de la vie, des puissances insoupçonnées.

On entend souvent souligner l'égoïsme de tellement de gens qui restent insensibles aux souffrances des autres. Pourtant, il ne manque pas de personnes qui ressentent spontanément ces souffrances et ces malheurs et qui décident d'intervenir. Alors, elles se lancent : elles parlent, elles prennent des initiatives. Mais voilà, elles ignorent que faire le bien nécessite toute une science.

Quelqu'un est en train de se noyer et vous vous jetez à l'eau pour le sauver. Si vous ne savez pas qu'il va tout de suite essayer de s'accrocher à vos bras, et donc vous paralyser, vous allez périr tous les deux. Vous direz peut-être que vous savez cela. Oui, mais cet exemple doit être interprété et étendu à bien d'autres cas de la vie. Quelles que soient les circonstances, on doit penser d'abord à préserver la liberté de ses membres, c'est-à-dire ne pas se laisser paralyser par les exigences de ceux qu'on désire aider, sinon on sombre avec eux. Que de personnes ont été victimes du bien qu'elles voulaient faire ! Alors, elles se sont fermées, et elles ont même regretté toute leur vie d'avoir cherché à aider les autres. Il faut pourtant continuer à vouloir faire le bien, mais à condition de savoir comment. C'est-à-dire garder ses membres ou, plus exactement, ses bras libres.

Il y a des gens qui se disent inspirés par le Ciel. Et comment manifestent-ils cette inspiration ? Ils gesticulent, roulent des yeux dans tous les sens, tiennent des discours incohérents… ou bien ils restent figés pendant des heures dans une posture qui imite l'extase. Eh bien, en réalité, ce sont des déséquilibrés, des malades, et d'ailleurs le reste de leur comportement le prouve.

Même s'ils parlent du Ciel, du Saint-Esprit, des anges, des archanges, en réalité, parmi les gens soi-disant inspirés par le Ciel, il y a beaucoup de malades. Sans doute voulaient-ils entrer sincèrement en communication avec le monde divin, mais par manque de discipline, par manque de travail intérieur, ils n'ont réussi qu'à se lier aux régions souterraines du plan astral* ; ils en reçoivent, bien sûr aussi, des messages et des ordres, mais des messages et des ordres dont ils feraient mieux de se méfier. Il faut apprendre à faire la différence entre l'inspiration et certaines formes de démence. Celui qui entre véritablement en contact avec le Ciel ne peut que recevoir des courants de lumière, d'harmonie et de paix.

* Voir note et schéma, p. 372 et 373.

Pour conserver et améliorer votre santé, vous devez apprendre à vous concentrer sur ce qui est vivant en vous et le renforcer. Oui, parce que seuls les éléments vivants peuvent s'opposer à la maladie.

Regardez : vous avez un abcès ou une plaie… Si les entités vivantes de votre organisme capables de refermer la plaie ou de faire sortir les impuretés de l'abcès sont incapables de réagir efficacement à cause de la vie désordonnée que vous menez, l'abcès ou la plaie vont s'envenimer. Vous pourrez utiliser tous les désinfectants, pommades et pansements possibles, si les entités vivantes en vous n'ont pas les conditions pour faire convenablement leur travail, les remèdes extérieurs resteront impuissants. Tandis que si vos ouvriers intérieurs peuvent travailler librement, même s'il n'y a rien ni personne pour intervenir de l'extérieur, ils remédieront à tout. Alors, c'est clair, vous devez changer votre façon de considérer la santé et chercher tous les moyens d'intensifier la vie en vous.

Dans la Bible, le serpent est le symbole du mal, mais d'après les kabbalistes il ne peut atteindre que certaines séphiroth : au-delà, la région la plus élevée formée des trois séphiroth *Késher, Hohmah et Binah,* lui est interdite. Alors, quelle conclusion pouvons-nous tirer de cette affirmation pour notre vie intérieure ? Puisque nous sommes créés à l'image de l'univers, il existe aussi en nous-même une région où le mal ne trouve plus les conditions d'existence favorables. Dans les régions sublimes de notre être et de l'univers, règnent une telle lumière, une telle intensité de vibrations, que tout ce qui n'est pas en harmonie avec cette pureté, avec cette lumière, est désagrégé.

Oui, le mal n'a aucun droit d'existence dans les régions sublimes, il est repoussé. Il ne peut exister que dans les régions inférieures où il se promène, fait des ravages et tourmente les humains, parce que dans ces couches inférieures de la matière, toutes les conditions lui sont favorables. Donc, selon la région où vous vous trouverez, vous serez ou non atteint par le mal.

13 Août

Quel plaisir peuvent trouver certaines personnes à raconter les détails les plus négatifs, les moins appétissants de leur existence ? Et ensuite elles s'étonnent que leurs amis les évitent ou les abandonnent. C'est vraiment une attitude stupide, il vaut mieux cacher tous ces détails-là. Vous direz que vous êtes malheureux, que vous souffrez et que vous avez besoin de vous confier… Je le crois. Mais comprenez que les autres ne peuvent pas tellement vous aider à trouver des solutions à vos problèmes, ils ont déjà les leurs, qu'ils arrivent difficilement à résoudre. Alors, pourquoi aller encore leur étaler les vôtres ? Non seulement vous perdez votre temps, mais vous baissez dans l'estime de vos amis, ils vous apprécient moins : ils se rendent compte que vous n'avez ni sagesse, ni maîtrise et ils sont déçus, ils s'écartent de vous.

Si vous ne voulez pas perdre vos amis, n'allez pas leur raconter vos ennuis, ne vous plaignez pas. Apprenez seulement à vous lier à toutes les Puissances célestes, à toutes les entités lumineuses qui sont prêtes à vous aider, et qui, elles, vous aideront réellement.

14 Août

De la glace à la vapeur, les différentes formes que peut prendre l'eau dans la nature nous donnent une idée des différents états, du plus dense au plus subtil, par lesquels passe la matière, la matière psychique comme la matière physique. Sur l'eau (la matière), le feu (l'esprit) a tous les pouvoirs ; et comme l'eau, le feu peut être compris aussi dans les différents plans : physique, psychique et spirituel. C'est pourquoi, dans l'Initiation le travail spirituel est souvent présenté, symboliquement, comme l'action du feu sur l'eau. Chauffée par le feu de l'esprit, la matière est une eau qui devient de plus en plus pure et subtile.

Alors, quelles applications pouvons-nous tirer de ces connaissances sur l'eau et le feu pour notre vie intérieure ? Elles sont nombreuses, mais en voici au moins une : puisque le feu a tout pouvoir sur l'eau, il est possible de réduire les tumeurs psychiques formées par l'accumulation de nos états négatifs, en faisant passer la matière en nous, l'eau, à l'état de vapeur par le moyen du feu, l'esprit. C'est ainsi que nous nous sentirons enfin dégagés, libres.

La musique n'est pas uniquement un assemblage de sonorités produites par des instruments. La musique existe déjà en l'homme comme une harmonie entre ses pensées, ses sentiments et ses actes. Tout accord harmonieux des pensées, des sentiments et des actes est musique. L'idéal du disciple est de réaliser cette harmonie en lui-même pour pouvoir entrer ensuite en harmonie avec tous les êtres sur la terre et dans l'univers entier.

Dans notre Fraternité, l'harmonie est la base même de notre travail collectif, harmonie intérieure d'abord, et ensuite harmonie avec tout ce qui existe. C'est pourquoi nous avons tout un répertoire de chants mystiques. Ces chants sont des clés magiques : ils nous ouvrent le monde de l'harmonie.

Platon, dans le dialogue intitulé « Le Banquet », évoque le mythe de l'androgyne primitif. Dans des temps très anciens, auraient vécu sur la terre des créatures humaines qui étaient à la fois mâle et femelle : elles étaient de forme sphérique et possédaient deux visages, quatre bras, quatre jambes, deux organes génitaux, etc. Ces êtres possédaient une vigueur exceptionnelle et, conscients de leur puissance, ils entreprirent de s'attaquer aux dieux. Très inquiets, ceux-ci cherchèrent un moyen de les affaiblir, et c'est Zeus qui trouva la solution : il fallait les couper en deux ! Ce qui fut fait. Et voilà pourquoi, depuis, ces deux moitiés séparées d'un même être ne cessent d'errer par le monde à la recherche l'une de l'autre pour s'unir et retrouver ainsi leur intégrité première.

Dans ce mythe rapporté par Platon, un élément est particulièrement significatif : pour affaiblir ces créatures qui menaçaient le pouvoir des dieux, Zeus décide de les couper en deux. L'idée qui ressort de ce fait est claire : la puissance de l'être humain réside dans la possession des deux principes. C'est cette union des deux principes masculin et féminin en lui qui le rend semblable aux dieux.

Il peut arriver qu'un ami pour lequel vous aviez beaucoup d'affection vous devienne indifférent, et vous avez alors tendance à penser que la cause en est qu'il a changé : il a perdu quelque chose de ce qui vous le faisait aimer. En réalité, c'est peut-être vous qui avez perdu un élément qui vous permettait de l'apprécier. Et voilà que cela se produit aussi parfois avec les disciples vis-à-vis de leur Maître. Lorsque le disciple est sincère et animé du désir de se perfectionner, il voit la lumière et la sagesse de son Maître. Mais lorsqu'il a d'autres intérêts, qu'il devient paresseux et abandonne ses exercices spirituels, il ne voit plus son Maître sous le même jour qu'auparavant.

Il faut donc être un peu psychologue pour comprendre la raison des changements que l'on croit observer autour de soi. Très souvent, on prétend que ce sont les autres qui ne sont plus ce qu'ils étaient, mais il faut d'abord s'analyser et on découvrira peut-être que c'est en soi-même que les changements se sont produits.

Créer est le plus grand bonheur qu'un être humain puisse éprouver. Pourquoi ? Parce qu'en créant, il s'approche de l'essence même de Dieu. Dieu est le Créateur, et l'homme, qu'Il a fait à son image, peut être lui aussi créateur. Bien sûr, il ne s'agit pas de comparer les créations humaines à la création divine, mais de mettre l'accent sur cette vérité : le bonheur est dans l'activité créatrice, et en ce sens ce sont donc les artistes qui éprouvent les plus grands bonheurs. Vous direz : « Et les mystiques, et les savants ? » Oui, dans la mesure où ils peuvent être aussi des créateurs, ils éprouvent un bonheur identique à celui des artistes.

Et n'allez pas maintenant protester que vous avez connu des artistes tourmentés et très malheureux. En parlant du bonheur de l'artiste, je veux dire qu'au moment où il crée, dans l'acte de création, l'artiste vit dans la plénitude ; et par « artiste » on peut sous-entendre aussi n'importe quel être humain en train de créer.

Sur tout ce que vous touchez, vous laissez des traces qui vous sont propres. Et le fait que, d'après les empreintes digitales, on puisse découvrir l'identité d'une personne, mais aussi que, dans le monde entier, on ne trouve pas deux empreintes identiques, prouve bien que la main est capable d'exprimer le caractère unique d'un être.

Tout ce qui passe par vos mains s'imprègne de vos fluides, de vos émanations, et transmet quelque chose de la quintessence de votre être. Quand vous faites un cadeau à quelqu'un, avec cet objet vous lui communiquez déjà quelque chose de vous, et si vous vivez une vie désordonnée, l'objet va transmettre les ondes négatives que, sans le savoir, vous y avez introduites. Même si l'objet que vous offrez est magnifique et de grand prix, celui qui le reçoit n'en retirera aucun bienfait. Donc, vous êtes, vous, plus important qu'un objet que vous donnez, soyez-en bien conscient.

20 Août

Pour avoir une idée juste concernant les visions que les clairvoyants disent avoir, il faut comprendre que la nature de ces visions est identique à celle des rêves. Ce n'est qu'une question de degré de conscience, la vision du clairvoyant se produisant à l'état de veille et le rêve se produisant pendant le sommeil. Vous vous demandez si on peut ajouter foi à l'un et à l'autre… Oui, mais seulement dans la mesure où ils vous renseignent sur le degré d'évolution de ceux qui ont ces visions ou ces rêves.

Les rêves et les visions possèdent toujours un sens, mais ceux qui ne sont pas parvenus à se dégager du plan astral inférieur recevront leurs visions et leurs rêves de ces régions obscures. Et, évidemment, on ne peut pas s'y fier pour avoir une réelle connaissance des choses, ou des réponses exactes aux questions qu'on se pose. C'est seulement lorsque l'être humain est parvenu à s'élever jusqu'aux plans causal, bouddhique, atmique,* que ses visions et ses rêves peuvent nous éclairer sur la réalité.

* Voir note et schéma, p. 372 et 373.

Vous vous demandez comment alimenter le feu sacré en vous : jetez-lui chaque jour des morceaux de votre nature inférieure. Oui, car c'est la nature inférieure, la personnalité, qui est prédestinée à alimenter le feu de l'esprit. Cessez donc de vous plaindre de ce que vous n'arrivez pas à vous débarrasser de votre nature inférieure, car sans elle non seulement vous ne pourriez pas subsister sur la terre, mais vous n'auriez pas d'éléments pour alimenter votre esprit.

Il existe une loi magique d'après laquelle, si vous voulez obtenir des résultats dans le plan divin, vous devez sacrifier quelque chose de votre personnalité. Et si vous allez trouver un Initié, un Mage, un grand Maître pour lui demander, par exemple, la guérison pour vous-même, pour un membre de votre famille, pour un ami, ou le succès de certaines entreprises, il vous expliquera que cela n'est possible que si vous renoncez à certaines faiblesses. Le renoncement aux satisfactions inférieures est comme un feu qui libère des énergies, et ces énergies vont alimenter la réalisation de tout ce que vous désirez de bon pour vous-même et pour les autres.

Vous voulez que votre existence soit riche et pleine ? Acceptez l'idée que la nature est vivante et intelligente. Oui, non seulement vivante mais intelligente, car l'intelligence n'est pas uniquement le propre de l'homme. Bien sûr, c'est très difficile à admettre pour certains, mais il faut qu'ils le sachent : au fur et à mesure que nous changeons notre opinion sur la nature, nous modifions notre destinée.

La nature est le corps de Dieu et ce corps est vivant et intelligent. C'est pourquoi nous devons être extrêmement attentifs, respectueux envers lui et l'approcher avec un sentiment sacré. En regardant les pierres, les plantes, les animaux, les étoiles comme des cellules de ce corps vivant et intelligent, c'est en nous aussi que nous introduisons la vie et l'intelligence.

Toute la vie est soumise à la loi de l'alternance, qui est la loi des contraires. Le matin, la lumière chasse les ombres de la nuit, et le soir, ce sont les ombres qui regagnent du terrain… Peut-on dire pour cela que la nuit est opposée au jour et le jour à la nuit ? Oui et non. Oui, parce que la lumière est le contraire des ténèbres, et non, parce que le jour et la nuit travaillent ensemble pour créer et entretenir la vie.

Avant de venir au monde, l'enfant passe neuf mois caché dans le sein de sa mère… Pour germer, les graines doivent rester un certain temps sous terre… Quant aux abeilles, elles tapissent leur ruche de cire parce qu'elles ont besoin de l'obscurité pour fabriquer le miel, etc. Combien de travaux commencent par se faire dans l'obscurité avant de sortir à la lumière ! Lumière et obscurité représentent des entités, des courants, des énergies que la nature utilise pour son travail.

Les musiciens connaissent bien ce phénomène. Voici deux diapasons absolument identiques : on touche l'un d'eux, il vibre, et l'autre qui n'a pourtant pas été touché, entre aussi en vibration. On dit qu'il y a résonance. Eh bien, un phénomène analogue se produit avec l'être humain : s'il arrive à accorder son être physique et son être psychique aux vibrations les plus subtiles de l'univers, il peut atteindre les puissances célestes pour faire un échange avec elles et recevoir ainsi aide et réconfort. Oui, c'est une façon de communiquer : vous parlez, et on vous entend ; vous pouvez même toucher certains courants de forces dans l'espace pour les faire venir jusqu'à vous.

Dès que vous connaissez cette loi, vous comprenez combien il est important de vous dépasser, de vous surpasser pour toucher les cordes les plus subtiles de votre être et les faire vibrer, car il y aura nécessairement des forces, des entités, des régions qui répondront en vous faisant bénéficier de leurs richesses.

On peut définir la magie comme l'application des lois de la physique au monde spirituel. Une de ces lois met en évidence la puissance de la concentration. Des rayons du soleil concentrés sur une bouteille de verre qu'un promeneur négligent a jetée en passant peuvent mettre le feu à toute une forêt. Eh bien, de la même façon, la physique spirituelle nous apprend que la pensée de l'homme a les mêmes pouvoirs que les rayons du soleil.

Celui qui a appris à concentrer fortement sa pensée en un point déterminé, peut produire des effets bénéfiques dans le monde. Peut-être qu'il n'en paraîtra rien dans le plan physique, mais dans les domaines éthérique, astral, mental,* sa pensée aura brûlé beaucoup d'impuretés.

* Voir note et schéma, p. 372 et 373.

Vous avez des ennemis et vous voulez les vaincre ? C'est entendu. Mais n'utilisez ni la calomnie, ni la ruse, ni la violence, ni la puissance de l'argent, etc. Les ennemis ne sont jamais réellement vaincus par ces armes-là, ils gardent toujours contre vous une animosité, et vous aurez à nouveau des histoires avec eux ; si ce n'est pas dans cette incarnation, ce sera dans la prochaine. Supposons même que vous ayez réussi à exterminer votre ennemi : vous n'avez fait disparaître que son corps physique. En réalité, on ne peut jamais anéantir un être : son âme est immortelle et, de l'autre côté, il continue à vous détester et à vouloir se venger. Donc, la guerre continue, ce n'est jamais fini.

Tout le monde se trompe, des pays entiers se trompent en croyant pouvoir anéantir leurs ennemis par les armes, l'espionnage ou les manœuvres politiques. Un pays peut toujours arriver à en neutraliser un autre pour un certain temps, mais tôt ou tard l'autre prendra sa revanche. Il y a donc d'autres méthodes à trouver.

L'espace autour de nous n'est pas vide, il est peuplé de milliards d'entités : des entités malfaisantes qui ont juré la perte de l'humanité, mais aussi, bien sûr, des entités lumineuses qui sont là pour l'aider et la protéger. Oui, mais l'aide et la protection de ces entités lumineuses ne seront jamais absolument efficaces si l'homme lui-même ne s'efforce pas de marcher sur le bon chemin.

Et aucun Maître spirituel non plus n'est capable de vous protéger si vous vous obstinez à mener une vie déraisonnable. Un Maître vous instruit, il vous éclaire, il essaie même de vous influencer par ses pensées et ses sentiments. Mais si par votre insouciance, votre légèreté ou même votre mauvaise volonté, vous détruisez tout son bon travail en vous et ouvrez vos portes aux entités ténébreuses, que peut-il faire ?

Combien de souffrances dont se plaignent les humains viennent de ce qu'ils voudraient s'emparer de ce qui appartient à d'autres : objets, terrains, hommes, femmes, situations, etc. Et c'est évidemment aux autres qu'ils s'en prennent, trouvant qu'ils font obstacle à leurs convoitises et à leurs ambitions. Jamais ils ne pourront se délivrer de ces souffrances, s'ils ne commencent pas par comprendre qu'ils en sont eux-mêmes la cause.

Tous les humains connaîtront ces sortes de souffrances tant qu'ils n'auront pas aussi compris que rien de ce qu'ils possèdent ou désirent posséder ne peut leur procurer le vrai bonheur. Quelqu'un souffre parce qu'il se trouve démuni, ou faible, ou malade, ou ignorant, ou laid, ou seul ; mais posséder la richesse, la puissance, la santé, le savoir, la beauté, et être entouré de beaucoup de gens, n'a jamais empêché personne de souffrir. On est même souvent étonné de découvrir dans quels tourments intérieurs se débattent des hommes et des femmes dont on dit qu'ils ont tout pour être heureux. Oui, ils ont tout sauf l'essentiel : le besoin de vivre la vie spirituelle, qui peut seule apporter le vrai bonheur.

La radio, le téléphone, le radar, la télévision, etc., sont autant d'applications pratiques d'une seule découverte : la circulation des ondes à travers l'espace. Mais pourquoi laisser la science et la technique exploiter seules cette découverte ? L'espace n'est pas uniquement traversé par des ondes qui permettent de téléphoner, de suivre un programme de radio ou de télévision. D'autres ondes plus subtiles encore le traversent ; l'air qui nous environne est saturé de courants, de messages que nous pouvons nous aussi capter. Car le Créateur a, si l'on peut dire, équipé l'être humain d'appareils qui lui permettent de recevoir les ondes qu'envoient les esprits les plus évolués, les Initiés, les Anges, les Archanges, toutes les entités célestes.

Pourquoi ne rester en communication qu'avec des humains qui font entendre tellement de cris, de revendications, de révoltes, de menaces ? Il est temps d'apprendre à utiliser ces appareils que le Seigneur nous a donnés : le cerveau bien sûr, mais aussi le plexus solaire, le centre Hara, les chakras… pour entrer en communication avec les êtres qui nous sont supérieurs, nous harmoniser avec leurs longueurs d'ondes, entrer dans leur bonheur, dans leur lumière et dans leur paix.

À « la femme pécheresse » qui se tenait auprès de lui en pleurant et qui embrassait ses pieds, Jésus dit : *« Ta foi t'a sauvée »*. Mais il ne faut pas s'imaginer qu'il suffit de croire pour mériter le salut, ce serait trop facile ; n'importe qui peut avoir la foi et continuer à vivre comme un malfaiteur. Beaucoup de criminels disent qu'ils croient en Dieu, et c'est certainement vrai, mais ce n'est pas cette foi qui les sauvera. Une foi qui ne s'exprime pas par un comportement et des gestes correspondants, ou au moins des efforts pour y parvenir, est presque inutile. La foi n'est vraiment puissante que si elle est suivie par des actes qui sont en conformité avec ce que l'homme croit.

Prenons un exemple très simple. Vous croyez à l'efficacité d'un médicament, mais vous ne le prenez pas : vous n'avez évidemment aucun résultat. Mais si vous le prenez, grâce à votre foi il peut agir deux, trois, dix fois plus que si vous le preniez sans y croire. La foi ouvre des portes et des fenêtres, elle déblaie le terrain pour que vous puissiez passer. C'est là son pouvoir, et il est immense. Mais si vous ne faites pas l'effort d'avancer, à quoi ces ouvertures vous serviront-elles ?

Vous comprendrez ce qu'est véritablement l'amour quand vous cesserez de le considérer comme un sentiment. Le sentiment est obligatoirement sujet à des variations selon qu'il s'adresse à telle ou telle personne, alors que l'amour véritable est un état de conscience indépendant des êtres et des circonstances.

Aimer, ce n'est pas avoir un sentiment pour quelqu'un, mais vivre dans l'amour et faire toute chose avec amour : parler, marcher, manger, respirer, étudier avec amour... Aimer, c'est avoir accordé tous ses organes, toutes ses cellules et toutes ses facultés pour qu'ils vibrent à l'unisson dans la lumière et dans la paix. L'amour est donc un état de conscience permanent. Celui qui a atteint cet état de conscience sent que tout son être est imprégné de fluides divins et tout ce qu'il fait est une mélodie.

Ce n'est pas seulement sur la terre qu'il existe des banques, il existe aussi des banques dans le Ciel. Toutes nos émanations lumineuses et pures, tous nos actes, nos sentiments et nos pensées inspirés par la noblesse, le désintéressement, la générosité sont classés à notre insu par des entités dont c'est la tâche ; et ensuite ils sont placés dans la banque céleste comme un capital à notre nom. C'est comme si nous avions ouvert un compte. Par la suite, quand nous traversons des difficultés ou que nous voulons faire du bien, aider des créatures, nous pouvons demander un secours, un soutien : cette banque nous l'accorde aussitôt. Mais s'il n'y a aucun capital déposé, la banque céleste ne nous connaît pas.

Combien se demandent si leurs prières sont écoutées ou non par le Ciel ! Voici la réponse : le Ciel n'écoute et n'exauce que ceux qui ont placé des richesses dans la banque divine.

L'être humain a été créé pour se développer parfaitement dans les trois mondes : physique, spirituel et divin ; il a été créé pour vivre dans l'amour, la sagesse et la vérité. S'il y parvient si difficilement, c'est qu'il n'a pas compris combien il est nécessaire de n'avoir qu'une seule direction, un seul but dans la vie.

Vous direz : « Mais une seule direction, un seul but, ce n'est pas possible : nous avons tant de charges, tant d'obligations différentes ! » Si, c'est possible. Quelles que soient vos charges et vos obligations, toutes vos préoccupations, toutes vos pensées, tous vos désirs et tous les mouvements même de vos cellules doivent aller dans une seule direction : le Royaume de Dieu et sa Justice. À ce moment-là, toutes les énergies en vous sont mobilisées et participent au développement de cet être parfait que vous devez devenir un jour.

Pour un Maître spirituel, rien n'est plus important que de transmettre à ses disciples la lumière de la Science initiatique, car il sait que lorsqu'ils posséderont cette lumière, ils pourront affronter toutes les difficultés sans plus avoir même besoin de sa présence. Pour aider les humains, il faut leur donner un élément spirituel qui se grave en eux et pour toujours, un élément que rien ne pourra effacer.

Il existe de multiples façons d'aider les êtres et elles sont certainement très utiles. On peut leur donner de l'argent, de la nourriture, des médicaments, une formation professionnelle, on peut les consoler, les encourager… Mais celui qui veut donner l'essentiel doit apprendre à donner la lumière du savoir initiatique.

4 Septembre

Quelles relations existe-t-il entre le serpent et la colombe ? Ils représentent les deux aspects opposés de la même énergie : l'énergie sexuelle. La colombe n'est autre que le serpent sublimé. Elle nous enseigne que tout ce qui rampe sur le sol peut un jour devenir capable de s'élancer dans les airs et de voler.

Le serpent représente la force sexuelle primitive et ce serpent est tellement rusé ! Comme il est écrit dans la *Genèse : « Le serpent était le plus rusé de tous les animaux des champs que Dieu avait faits »*. Il est impossible d'énumérer tous les moyens auxquels les humains ont recours pour échapper au serpent, mais il présente et arrange les choses de telle façon que c'est lui, le plus souvent, qui finit par avoir le dessus. Quelqu'un dit : « Voilà, je ne succomberai pas à la tentation, je résisterai… » Mais comme il n'a pas prévu le piège que le serpent serait capable de lui tendre, à la dernière minute il tombe dans ce piège. Et il tombera jusqu'à ce qu'il arrive à transformer en lui le serpent en colombe, c'est-à-dire à transformer l'amour humain en amour spirituel, qui l'arrachera à la terre et lui fera connaître la liberté des espaces infinis.

Combien d'êtres humains sont comme des poissons qu'on a sortis de l'eau ! Ils se sentent mal à l'aise, étrangers au milieu où ils vivent ; alors, dès qu'ils le peuvent, ils quittent leur famille, s'exilent dans un autre pays, ou vivent complètement en marge de la société. En réalité, la question qui se pose aux humains n'est pas uniquement celle de la place qu'ils ont à occuper physiquement, socialement ; il faut que non seulement leur cœur et leur intellect, mais aussi leur âme et leur esprit trouvent dans cette place de bonnes conditions pour s'épanouir. Tant qu'ils ne trouvent pas leur place, ils sont comme des graines qui attendent d'être semées. Et leur place, c'est une terre fertile, la terre spirituelle, où ils pourront pousser. Combien sont encore semblables à des graines entreposées dans un grenier !

Quand vous aurez trouvé la place de votre cœur, de votre intellect, de votre âme et de votre esprit, vous serez à votre vraie place. À ce moment-là, où que vous soyez, quelle que soit votre situation matérielle et sociale, vous sentirez que votre place est là.

On est obligé de le constater : les spiritualistes n'ont pas beaucoup de poids dans la société. Pourquoi ? Parce qu'ils sont désunis. Ils s'ignorent ou se regardent avec hostilité, ils ne pensent pas qu'ils ont à faire quelque chose ensemble. Tandis que les matérialistes, regardez tout ce qu'ils entreprennent, tout ce qu'ils réussissent ! Et les savants… Il se peut que du point de vue initiatique, ils soient dans l'erreur, qu'ils n'aient pas un haut idéal ni une vision juste des choses et qu'ils ne sachent pas orienter leurs recherches dans la meilleure direction ; mais combien travaillent ensemble, se soutiennent, s'entraident ! Ils se communiquent leurs découvertes et c'est pourquoi ils sont une puissance fantastique dans le monde.

Alors, quand les spiritualistes vont-ils, eux aussi, se décider à s'unir pour travailler au bien de l'humanité ?

Que ce soient les minéraux, les végétaux, les animaux ou même l'être humain, il n'y a rien à reprocher à la description qu'en font les scientifiques. Mais cette vérité est partielle. Pour qu'elle soit complète, il faudrait qu'ils replacent l'objet de leur étude dans la vie cosmique à laquelle il appartient. Détachés de cette vie, la pierre, la plante, l'animal, l'homme sont privés de l'essentiel. C'est pourquoi, tant que les chercheurs continueront dans cette voie, ce qu'ils appellent vérité scientifique sera toujours une vérité incomplète, mutilée.

Comprenez-moi bien, il ne s'agit pas de mettre en doute la valeur et l'intérêt de la science. Le véritable problème est ailleurs, dans la mentalité des chercheurs, dans leur attitude envers la vie, dans leur incapacité à relier les objets particuliers de leur étude à l'ensemble de la vie. Les êtres et les choses n'existent pas séparément, ils existent comme parties d'un tout, et ces parties sont liées entre elles. On isole, on coupe une branche, une feuille, un fruit pour l'étudier. Non, c'est sur l'arbre qu'il faut étudier le fruit pour comprendre comment il est le point d'aboutissement de toutes les énergies qui circulent dans l'univers.

8 Septembre

Par la nutrition nous entrons en contact avec la nature, mais ce contact peut se faire de différentes manières. Vous prenez une pomme, avec un couteau vous la pelez, vous la coupez en morceaux et vous la mangez : vous avez une certaine sensation. Si vous mordez dans la pomme, vous avez une autre sensation.

Maintenant, allez dans un verger, attirez à vous la branche d'un pommier et commencez à mordre dans une pomme sans la cueillir, c'est encore différent : vous sentez combien ce fruit est vivant, et vous éprouvez une plénitude, une joie que l'arbre lui-même vous communique, parce qu'il est lié à la terre et au ciel et qu'il puise des forces de la terre et du ciel. Tandis que vous mangez, vous êtes directement en contact avec un courant d'énergies pures. Par l'intermédiaire de son fruit, l'arbre vous a mis directement en relation avec l'univers…

Ni ce que vous êtes, même si vous possédez les plus grandes vertus, ni la position sociale que vous occupez, même si c'est la plus élevée, ne pourront empêcher que vous ayez des adversaires. Dans la vie, il faut toujours lutter, mais il existe deux sortes de lutte : celle où vous supprimez votre adversaire et celle où vous l'épargnez. Si vous supprimez votre adversaire, vous n'aurez plus à lutter… et ce sera la catastrophe : vous ne progresserez plus ! Si vous l'épargnez pour pouvoir lutter toute la vie avec lui, vous continuerez à vous renforcer.

Combien de gens cherchent à se débarrasser de leurs ennemis ! Et le jour où ils y arrivent, que se passe-t-il ? Ils ne se sentent pas plus heureux, ils ont l'impression qu'il leur manque quelque chose, car ils avaient besoin de ces adversaires pour se mesurer avec eux… Il ne faut donc pas supprimer ses adversaires, mais savoir comment agir pour se renforcer, s'améliorer… et les améliorer eux aussi par la même occasion ! Mais vous ne réussirez qu'à la condition de les considérer comme des facteurs indispensables à votre évolution.

10 Septembre

Rien n'est plus précieux que de posséder une qualité, un don, une faculté. Mais encore faut-il ne pas vouloir utiliser ce don uniquement pour soi, mais pour le bien de tous les êtres. Y a-t-il beaucoup de femmes qui, conscientes de leur beauté, se sont demandé quels effets leur manière d'exploiter cette beauté était en train de produire sur les autres ? Que ce soit la beauté, les facultés artistiques ou intellectuelles, nous devons chercher à nous en servir seulement pour éveiller cette étincelle, cette fleur sacrée qui sommeille dans chacun. C'est la joie du Ciel que nous attirerons alors en nous.

Nous ne sommes pas venus sur la terre pour nous faire remarquer ou applaudir à n'importe quel prix. Quels que soient les talents et les dons que nous a accordés la nature, nous devons avant tout chercher l'approbation divine. Et nous ne l'obtiendrons que si nous arrivons à exprimer ce qui éveillera les êtres à la vérité, à la lumière.

11 Septembre

Pour développer votre aura, vous pouvez travailler de deux manières. Par la pensée, par l'imagination, vous cherchez à attirer à vous les couleurs les plus pures, les plus belles, et à vous entourer de ces couleurs. Mais en réalité ce sera là un effort un peu factice, dont les résultats ne dureront pas longtemps, si vous n'essayez pas, en même temps, de pratiquer les vertus auxquelles ces couleurs correspondent.

Pour développer l'aura, l'essentiel en effet n'est pas l'exercice de la pensée, mais l'apprentissage des vertus. Même si vous ne faites aucun exercice de concentration pour former les couleurs de votre aura, en travaillant seulement à nourrir en vous les vertus divines, que vous y pensiez ou non, vous attirerez toutes les couleurs magnifiques qui leur correspondent. Et tant que vous pratiquerez ces vertus, les couleurs se manifesteront toujours plus belles et plus intenses.

12 Septembre

Les lamentations sur la nature humaine pécheresse et porteuse des germes du mal ne servent à rien. Il n'y a pas à se lamenter, il y a uniquement à travailler. Que ce soit la vanité, l'orgueil, la colère, la jalousie, la sensualité, tous les défauts doivent être mis au travail. Voilà le seul bon point de vue, la seule bonne solution. C'est le travail qui compte, ne vous occupez pas du reste ; vos qualités, vos défauts, c'est secondaire. Quand vous aurez trouvé quel est le meilleur travail et que vous aurez décidé de vous y consacrer sincèrement, les uns et les autres deviendront vos meilleurs serviteurs.

Prenons un exemple très simple. Vous voulez soulever un poids. Toutes les énergies contenues en puissance dans votre corps physique sont mobilisées : les muscles, le cœur, les poumons et même le cerveau participent à cet acte. Mais si vous n'avez pas le désir de faire quoi que ce soit, tous vos organes stagnent, somnolent. C'est le désir de travailler qui mobilise toutes vos potentialités. Grâce à ses efforts, un criminel peut finir par dépasser en générosité, en patience et en bonté les hommes les plus vertueux. Tandis que, souvent, ceux qui sont considérés comme les meilleurs ne font rien de grand : parce qu'ils ne pensent pas au travail.

À l'origine de tous les déséquilibres, il y a le déséquilibre entre l'esprit et la matière ; c'est lui qui entraîne à sa suite toutes les autres formes d'anomalies que l'on peut constater dans l'existence. L'esprit et la matière sont deux pôles, deux principes avec lesquels l'être humain doit savoir agir intelligemment, raisonnablement, prudemment.

S'il n'est pas recommandé d'imiter l'Occident qui a mis l'accent sur les acquisitions matérielles au détriment de l'âme et de l'esprit, l'exemple de l'Inde et d'autres pays qui, durant des siècles, ont accepté de vivre dans la misère, la famine et la maladie, n'est pas à suivre non plus. Il faut donner à l'esprit et à la matière leur place respective : ne pas rejeter la matière, mais la rendre soumise et obéissante à l'esprit. C'est dans cet équilibre entre l'esprit et la matière que les individus et les sociétés trouvent leur épanouissement.

Notre Enseignement peut se résumer en un seul mot : création. Oui, créer, mais créer quoi ? Des tableaux, des statues ? Travailler sur des toiles, du bois, du marbre ? Non, travailler sur soi-même. Car voilà la véritable matière première : soi-même, sa propre matière. Un sculpteur a fait quelques statues, très bien, mais quand vous le regardez, lui, son attitude, son visage, vous voyez qu'il n'a jamais essayé de se sculpter lui-même : il n'est encore qu'une matière brute.

Combien de gens vous montreront leurs petits tableaux, leurs chansonnettes, leurs poèmes qui ne reflètent que leur désordre intérieur. On en a assez de tous ces artistes ! Où sont les artistes véritables, prêts à commencer le vrai travail, à se façonner eux-mêmes intérieurement ? C'est un travail inconnu, inédit, mais c'est le travail de l'avenir.

On définit le principe masculin comme actif, et le principe féminin comme passif. Mais la passivité n'a pas un rôle moindre que l'activité, parce que si le principe masculin apporte le contenu, le principe féminin apporte le contenant, la forme, et la forme est dotée d'un formidable pouvoir d'attraction. C'est pour l'opposer au principe masculin, actif, qu'on définit le principe féminin comme passif. Mais dire qu'il est passif ne signifie pas qu'il est inactif ; il exerce une action, et cette action, qui prend l'apparence de la passivité, est extrêmement efficace.

Au lieu de se projeter vers l'avant comme le principe masculin, le principe féminin attire à lui. C'est cela son activité, et celui qui n'a pas de véritable résistance à lui opposer est absorbé. L'activité masculine est plus visible, mais elle n'est pas plus puissante. On peut dire qu'être actif, c'est aller du centre vers la périphérie, et être passif, c'est attirer les éléments de la périphérie vers le centre. Et même si cette attraction n'est pas tellement visible, elle est bien réelle et agissante.

16 Septembre

Quelles que soient votre élévation spirituelle et la ferveur de vos prières, ne vous attendez pas à recevoir la visite du Seigneur. Un ange, un archange peut-être, viendra vous apporter un message, un atome de lumière, et ce sera déjà immense. Qui sommes-nous pour que Dieu, le Maître des mondes, se déplace ?... Et d'ailleurs, nous ne résisterions pas aux puissantes vibrations de sa présence. Comme il est dit dans les *Psaumes : « Tout fond comme de la cire devant sa face »* et les ordres angéliques sont les transformateurs qui tamisent cette puissance pour qu'elle puisse parvenir jusqu'à nous sans nous pulvériser.

Il est préférable de savoir comment sont les choses afin de ne pas attendre inutilement ce qui ne peut pas arriver, et surtout de ne pas imaginer que c'est arrivé, ce qui est encore plus dangereux. Tout ce que nous pouvons recevoir de Dieu, c'est un rayon, des effluves qui viennent d'infiniment loin et qui descendent au travers des hiérarchies angéliques. Bien sûr, d'une certaine façon, c'est Dieu qui nous répond, car Dieu se trouve à tous les niveaux de la création, mais Il ne nous répond jamais directement.

Quel savoir, quelle connaissance de la vie peut-on acquérir si on n'est pas libre, intérieurement libre ? C'est l'absence de liberté intérieure qui empêche les humains de découvrir les vérités essentielles dont ils ont besoin pour s'orienter dans la vie.

Combien d'hommes et de femmes considèrent la liberté comme le bien le plus précieux et se battent pour la conquérir ! Oui, mais la liberté qu'ils cherchent n'est pas celle qui peut leur donner ce savoir vivant qui les soutiendrait, qui les sauverait. Au contraire, ils sont engagés dans des activités qui les enchaînent et les rendent aveugles. Ils ressemblent à un homme accablé de soucis et de chagrins qui traverserait sans rien voir un paysage ou un jardin magnifique. Toutes les merveilles du ciel et de la terre sont là autour d'eux, en eux… mais pour les voir, pour les comprendre, il faudrait qu'ils soient libres, intérieurement libres.

18 Septembre

Tous les enfants pleurent à la naissance, mais ils ne pleurent pas de la même manière. Certains font entendre une plainte touchante : ils expriment la nostalgie d'une région de lumière, de joie et de paix qu'ils ont quittée. Mais en même temps ils disent : « Que la volonté de Dieu soit faite ! » et ils acceptent d'avance les épreuves qui les attendent. Tandis que beaucoup d'autres pleurent de façon désespérée, tragique, en poussant des cris de révolte, car ils se sentent comme des animaux mis en cage et savent déjà que leur existence sera comme une prison.

La vérité, c'est que sur la terre personne n'est épargné, parce que c'est la terre justement, et qu'on entre là dans des conditions très particulières. Il faut donc trouver les meilleures méthodes pour ne pas se laisser écraser par les événements, mais au contraire les maîtriser et en tirer le meilleur parti pour notre évolution. Bien sûr, nous n'arrivons pas tout de suite à modifier nos réactions vis-à-vis de ce qui nous arrive. Nous commençons toujours par nous sentir bousculés, chagrinés, choqués. Oui, mais une fois que nous avons compris que ces difficultés sont nécessaires à notre apprentissage, nous nous reprenons beaucoup plus rapidement et beaucoup mieux.

Devant une désillusion, un échec, un accident, il vous arrive de penser : « Oui, bien sûr, quelque chose m'avait averti. C'était comme une voix en moi, mais si faible, si faible !... » Et vous n'avez pas écouté cette voix qui voulait vous mettre en garde, vous avez préféré suivre des voix qui vous parlaient très souvent et très fort pour vous induire en erreur.

Eh bien, sachez que le Ciel parle doucement et sans insistance : il dit les choses une fois, deux fois, trois fois, puis il se tait, et tant pis pour vous si vous lui avez fermé vos oreilles. Oui, la voix du Ciel est toujours extrêmement douce, mélodieuse et brève. L'intuition n'insiste pas davantage. Et si vous n'êtes pas attentif, si vous ne distinguez pas cette voix, parce que seul le tintamarre de vos désirs et de vos convoitises retient votre attention, ne vous plaignez pas si vous vous égarez.

Certaines personnes ont gardé de leur enfance l'habitude de prier avant de s'endormir. Elles vivent n'importe comment pendant la journée et puis, le soir venu, elles font une petite prière en demandant pardon à Dieu pour leurs fautes. Eh bien, c'est insuffisant, et en agissant ainsi elles auront toujours le diable avec elles. Comme le moine de l'anecdote.

Oui, dans un couvent, il y avait une fois un brave moine qui buvait, buvait : le niveau du vin dans les tonneaux baissait chaque jour à vue d'œil. Un peu penaud, bien sûr, il faisait tous les soirs sa prière en demandant pardon à Dieu ; après quoi, apaisé, il s'endormait tranquillement, et le lendemain il recommençait. Cela continua ainsi des années… Or, un soir, il oublia sa prière. Et voilà que pendant la nuit il sent quelqu'un qui le secoue en disant : « Hé ! tu n'as pas fait ta prière ce soir. Allez, debout, dépêche-toi, tu dois prier ! » Il s'éveille, se frotte les yeux, et qui voit-il ? Le diable ! Oui, c'était le diable qui le réveillait, car c'était lui qui le poussait à prier tous les soirs. Pourquoi ? Pour l'empêcher de se corriger. Puisque le moine faisait ses prières en demandant pardon au Ciel, il avait la conscience tranquille, et le lendemain il recommençait à boire, pour la plus grande joie du diable. L'histoire dit que lorsqu'il comprit cela, le moine fut tellement effrayé qu'il renonça pour toujours à la boisson.

21 Septembre

Quelqu'un laisse tomber des débris de verre sur un chemin, et comme il est négligent, il ne les ramasse pas. D'autres les ramasseront, pense-t-il, qu'importe s'ils se blessent ! Et il poursuit sa route… Mais ce qu'il ne sait pas, c'est que la destinée humaine n'est pas une ligne droite : sa trajectoire est circulaire ; donc, d'une façon ou d'une autre, dans cette incarnation ou dans la prochaine, il devra repasser par le même endroit, c'est-à-dire qu'il aura à subir les conséquences de son acte.

Cet exemple du verre brisé est une image pour vous expliquer que celui qui sème des dangers en sera un jour lui-même la victime. Il creuse des trous, il tend des pièges le long de la route ? La loi l'amènera à repasser exactement aux mêmes endroits et à tomber dans ces trous ou dans ces pièges. Il aura alors du temps pour méditer sur ses mésaventures, se plaindre qu'il existe des gens méchants et stupides, et chercher à découvrir qui ils sont ! Évidemment, il ne lui viendra pas à l'idée que c'est lui-même. Celui qui vit en disant sans cesse : « Après moi le déluge ! » crée toutes les difficultés dont son existence sera un jour ou l'autre encombrée.

Les animaux sont contents de leur sort : ils ne voient pas leurs limitations, ils ne cherchent donc pas à en sortir pour progresser. Mais cette façon d'être, qui est normale pour les animaux, n'est pas idéale pour les humains… même si beaucoup s'en satisfont !

Vous direz : « Mais alors, nous devons nous révolter contre notre sort ? » Non, mais comprenez-moi bien ; accepter son sort est une chose, en être satisfait en est une autre. Chacun de nous est obligé d'accepter son sort comme conséquence de ce qu'il a vécu dans le passé. S'il a des épreuves à traverser, il ne doit pas se révolter, mais savoir qu'il est en train de payer pour les erreurs qu'il a commises dans cette existence ou dans des existences antérieures. Il fait donc des efforts pour les réparer, mais en même temps il comprend qu'il doit progresser sur le chemin de l'évolution. Ainsi, il accepte la destinée qu'a décrétée pour lui la Justice divine, mais il ne se satisfait jamais de son degré d'évolution actuel, il s'efforce sans cesse de progresser.

C'est par la chaleur que la nature amène l'or, ainsi que tous les métaux, à maturité. L'or est donc semblable à un aliment que la cuisinière a mis au four ! Mais si dans la nature, l'or se forme très lentement, car le feu qui le cuit est très faible, nous, pour produire l'or spirituel, nous avons la possibilité de procéder plus rapidement en augmentant la chaleur. Mais il faut aussi prendre garde de ne pas tout brûler.

On peut comparer l'apprenti alchimiste à l'apprenti cuisinier qui ne sait pas encore mesurer le feu : ou bien il laisse brûler les plats, ou bien la chaleur est si faible qu'ils ne sont pas suffisamment cuits. Pour mener à bien le grand œuvre et former en nous la pierre philosophale, nous devons allumer en nous le feu de l'amour, et apprendre à le régler. C'est par l'amour qu'on accélère le processus ; mais l'amour, comme le feu, nécessite aussi une grande maîtrise, sinon, là encore, on risque de tout faire brûler. L'amour est le feu le plus terrible qui soit si on ne sait pas le maîtriser, c'est pourquoi il doit toujours être tempéré par la sagesse. La pierre philosophale est cet état de conscience divin qu'on ne peut atteindre que par l'amour et la sagesse.

24 Septembre

La pureté ne consiste pas à se garder à l'abri de tout contact, enfermé dans un bocal. Non, cette pureté qui ne pense qu'à se protéger est inutile, elle est même nuisible. La vraie pureté, c'est l'amour divin, parce que l'amour divin, c'est la vie, c'est l'eau qui jaillit de la source, et ce jaillissement repousse tout ce qui est sale, terne, obscur. Une pureté où il n'y a pas d'amour n'est pas vraiment la pureté. Combien de religieux ont cru et croient encore que la pureté consiste à se garder de l'amour ! Ils sont peut-être blancs comme la neige, mais ils sont aussi froids que la neige, et leur pureté est stérile.

Ce n'est pas de l'amour qu'il faut se garder ni du contact avec les autres, mais de l'égoïsme, de la possessivité ; au moment où de pareils sentiments entrent dans un être, il n'est plus pur. La véritable pureté est celle de l'eau cristalline qui jaillit, qui coule et va arroser les champs et les jardins dans l'âme et le cœur de tous les êtres.

On croit généralement que seul l'homme adulte possède véritablement l'intelligence. Bien sûr, il la possède de façon particulièrement évidente, mais en réalité l'intelligence existe déjà chez les nouveaux-nés, et même chez les animaux, bien que d'une façon qui reste encore mystérieuse pour la science. Sous des formes très différentes l'intelligence existe partout dans l'univers. La terre est intelligente, et le soleil aussi est intelligent, il est même l'être le plus intelligent… Oui, parce qu'il est le plus vivant. Vous direz : « Plus vivant que nous ? »… D'une certaine façon, oui, plus vivant que nous.

Évidemment, si vous allez raconter autour de vous que le soleil est la créature la plus intelligente, vous recevrez des moqueries. Pourtant, la preuve est là : puisque c'est lui qui vivifie les humains, c'est qu'il est plus vivant qu'eux. Si le soleil n'était pas là pour distribuer sa chaleur et sa lumière, il n'y aurait aucune vie sur la terre, donc aucune intelligence ni aucun amour.

26 Septembre

Il ne suffit pas de se sentir animé par un idéal de justice, d'honnêteté, de bonté, et de vouloir que cet idéal se réalise dans le monde. Si vous ne savez pas comment agir, vous vous heurtez continuellement aux autres, et vous finissez par vous décourager. Alors, que faire ? Tout simplement laisser les autres tranquilles et continuer à vous perfectionner. Ainsi, peu à peu, lorsque vous vous présenterez devant eux, vous les impressionnerez par votre lumière ; en vous voyant, ils comprendront qu'ils se sont égarés sur des chemins boueux. Tant que vous voulez absolument montrer aux gens qu'ils font fausse route, vous vous enfoncez avec eux dans la boue. Travaillez seulement à devenir lumineux, et quand ils vous rencontreront, sans même que vous disiez quoi que ce soit, ils comprendront que c'est vous qui êtes dans le vrai et ils chercheront à vous imiter.

Ne vous contentez pas de rêver votre avenir, mais efforcez-vous de le construire dès maintenant sur des bases solides. C'est « maintenant » qui compte. L'avenir est un prolongement du présent, et le présent n'est rien d'autre qu'une conséquence, un résultat du passé. Tout se tient : le passé, le présent, l'avenir ne sont pas séparés. L'avenir sera édifié sur les fondations que vous posez maintenant. Si ces fondations sont défectueuses, évidemment, inutile d'attendre un avenir exceptionnel ; mais si elles sont bonnes, inutile aussi de s'inquiéter. Avec telles racines, vous aurez tel tronc, telles branches et tels fruits.

Le passé est passé, mais il a mis au monde le présent, et le présent, c'est les racines de l'avenir. Donc, dès maintenant vous construisez votre avenir en cherchant à améliorer le présent.

Vous posez le pied sur la première marche d'un escalier mécanique : à l'instant même il se met à fonctionner et vous amène à l'étage supérieur ou inférieur. Que s'est-il passé ? En posant le pied, vous avez simplement coupé un faisceau lumineux et l'interruption de ce faisceau a déclenché des appareils qui ont mis en marche cet énorme escalier qui pèse des tonnes.

Un processus analogue se produit dans la vie intérieure de l'homme. Chacune de ses pensées, chacun de ses sentiments coupe un rayon quelque part et des appareils se mettent en marche. Souvent, au lieu de l'amener vers les étages supérieurs de sa conscience, les escaliers l'entraînent dans des souterrains où il est privé d'air, de lumière, de chaleur, d'espace. Vous pensez être libre d'avoir n'importe quels sentiments ou pensées, mais sachez que chacun d'eux produit un déclenchement dont les effets vous projetteront vers le haut ou vers le bas. Alors, attention, soyez vigilant !

Dans l'Ancien Testament, Mikhaël est l'archange qui, à la tête des armées célestes, remporte toutes les victoires. Et dans le Nouveau Testament, dans l'*Apocalypse* en particulier, c'est lui qui, à la fin des temps, terrassera le dragon.

Il est dit aussi que lorsque Moïse mourut, le diable voulut s'emparer de son corps, et c'est l'archange Mikhaël qui s'opposa à lui pour le lui arracher. De nombreux tableaux et icônes représentent l'archange une balance à la main, pesant, après leur mort, les actes des humains : sur un plateau s'accumulent les mauvaises actions, sur l'autre plateau les bonnes. Pendant ce temps le diable est là, prêt à entraîner l'homme dans son royaume infernal, et il est furieux, il grince des dents en voyant Mikhaël ajouter dans le plateau une dernière bonne action qui fera pencher la balance du côté du bien.

La fête de Saint Michel se situe dans le signe de la Balance, au début de l'automne. L'automne est la saison des récoltes : on ramasse les fruits, on jette ceux qui sont gâtés et on garde ceux qui sont sains. Comme pour les arbres, Jésus disait qu'on reconnaît les hommes à leurs fruits. D'une certaine façon, on peut dire que chaque récolte est un jugement.

30 Septembre

En tant qu'esprit l'être humain n'a pas encore réellement pris possession de son corps physique. Il le traîne, il y est enseveli, écrasé, étouffé même parfois, mais on ne peut pas dire qu'il s'y soit installé, car ce n'est pas une demeure digne de lui. Donc, en attendant, l'esprit (ou plutôt ce que l'on croit être l'esprit) se promène avec le corps, exactement comme un bonhomme et une bonne femme qui vont bras-dessus bras-dessous en titubant... Vous direz : « Mais quel spectacle ! » Eh bien, oui, c'est un spectacle, celui que donne l'être humain tant qu'il ignore ce que représente son esprit et son corps et le travail qu'ils ont à faire ensemble.

Mais vous qui savez ce qu'est ce travail, efforcez-vous de dégager le principe divin en vous pour qu'il puisse s'élever le plus haut possible, et qu'à son retour, en redescendant, il purifie et illumine la demeure qui est la sienne. Cette demeure, c'est votre corps physique, mais aussi vos corps astral et mental* au travers desquels votre esprit doit pouvoir se manifester un jour.

* Voir note et schéma, p. 372 et 373.

1 Octobre

Lorsque vous décidez d'embrasser la vie spirituelle, c'est uniquement un changement intérieur que vous provoquez. Extérieurement, votre existence continuera comme auparavant : vous avez tout un environnement familial, social, professionnel avec des problèmes à résoudre qui resteront les mêmes. Vous avez aussi un corps physique en plus ou moins bonne santé, et vous n'allez pas soudain vous porter merveilleusement bien.

Prenons justement l'exemple de la santé. Il y a des faiblesses physiques qu'une meilleure hygiène de vie soutenue par une meilleure philosophie vous permettra de surmonter rapidement. Mais il y a aussi des maladies incurables, parce qu'elles ont leur cause dans un lointain passé et qu'elles sont donc profondément incrustées dans votre organisme. La vie nouvelle que vous avez décidé de mener vous donnera seulement des méthodes pour mieux supporter votre état physique déficient et introduire en vous les germes d'une amélioration future ; elle ne vous guérira pas. Tout cela doit être clair pour vous.

2 Octobre

Sous prétexte qu'on les aime, on reste près des êtres pour s'occuper d'eux. Mais comment va-t-on les aider si on ne s'est pas efforcé d'élever son niveau de conscience ? Cet amour-là ne suffit pas, on le voit bien dans le domaine de l'éducation. Ce n'est pas parce que les parents sont continuellement occupés à veiller sur leurs enfants qu'ils les éduquent. Ils ne les éduquent que s'ils sont capables de leur apporter des éléments d'un monde supérieur que ces enfants pourront conserver toute leur vie.

On n'éduque pas des enfants en leur disant seulement : « Mange… dors… travaille bien en classe… ne fréquente pas n'importe qui… etc. » Ces conseils sont certainement utiles, mais ce ne sont pas là des nourritures pour leur âme et leur esprit. Et s'ils ne nourrissent pas l'âme et l'esprit de leurs enfants, que les parents ne se fassent pas d'illusions : ils ne les éduquent pas, ils ne les protègent pas.

3 Octobre

L'art de la séparation est un des plus difficiles qui soit, car il faut savoir trouver le moment propice. Toute séparation prématurée est un arrachement et provoque des déchirures. C'est dans la nature que les Initiés se sont instruits dans cet art de la séparation. On ne peut séparer la noix de son écale, mais la nature sait comment le faire : elle laisse mûrir le fruit, l'écale se défait d'elle-même et tombe. Cette séparation est le symbole de la maturité. Pendant plusieurs mois la mère porte l'enfant dans son sein et il est dangereux de vouloir l'en arracher prématurément. Mais le moment venu, le fruit tombe, et on peut couper le lien qui liait l'enfant à sa mère.

Et qu'en est-il de notre âme ? Elle est prisonnière de notre corps, et pour se libérer, elle doit se séparer de l'épaisse matière qui l'entoure. Mais pas avant d'avoir atteint sa maturité. Voilà un sujet de réflexion, et l'automne est la meilleure période pour méditer sur la véritable libération.

4 Octobre

D'un homme qui manifeste une attitude servile devant les puissants de ce monde, parce qu'en se comparant à eux, il se sent pauvre, faible et démuni, on dit généralement qu'il est humble. Mais de celui qui veut réaliser le commandement de Jésus : *« Soyez parfaits comme votre Père céleste est parfait »* ou travailler à l'avènement du Royaume de Dieu sur la terre, on s'exclame : « Quel orgueil !... Pour qui se prend-il, celui-là ? » Eh bien, dans les deux cas, c'est une erreur.

Un homme n'est pas humble du simple fait qu'il s'incline devant le riche et le puissant ; donnez-lui une grande somme d'argent, ou un poste élevé, et vous verrez s'il est humble ! Et s'il est soudain confronté à une grande épreuve, vous verrez s'il est humble devant le Seigneur ! Aux moindres difficultés, combien de gens se révoltent contre Dieu ou nient même son existence ! La véritable humilité, ce n'est pas de s'incliner devant le pouvoir ou l'argent, mais d'être capable de dire, comme Jésus au jardin de Gethsémani : *« Père, que ta volonté soit faite et non la mienne »*.

De l'argent, des possessions matérielles, voilà les réclamations que l'on entend partout. Même le Ciel est assailli par ces réclamations et il est débordé. Bien sûr, « débordé » n'est qu'une façon de parler : le Ciel peut toujours, si bon lui semble, donner immédiatement à chacun tout ce qu'il veut. Mais n'y a-t-il rien de mieux à lui demander que des satisfactions matérielles ?

Le Ciel accepte de recevoir vos demandes, oui, mais il attend que vous lui demandiez la lumière, l'amour, la sagesse, qui vous permettront aussi d'aider votre famille, vos amis. Demandez la force d'accomplir la volonté de Dieu, demandez de participer à la venue sur la terre de son Royaume de paix, d'amour et de vie éternelle… Comme de telles prières sont extrêmement rares, le Ciel dira : « Oh ! Voilà un être qui ne ressemble pas à tous les autres ! Occupons-nous de lui d'abord, donnons-lui satisfaction. » Tandis qu'aux autres demandes, il répond : « Patience, nous verrons ça plus tard ! »

6 Octobre

Dans les marécages, dans les jungles vous ne verrez que des animaux en train de se dévorer. Mais si vous allez beaucoup plus haut, dans le Ciel, parmi les hiérarchies angéliques, vous ne verrez que des êtres qui ne cessent de se donner de l'amour et de la lumière. Oui, en haut, on trouve l'amour et la lumière, alors qu'en bas on trouve l'hostilité, les luttes sans merci.

De la même façon, les humains qui sont descendus tellement bas dans leurs désirs et leurs préoccupations ne peuvent plus faire autrement que de se combattre et de s'entre-dévorer. Ensuite, ils tirent des conclusions sur l'existence et disent que l'homme est un loup pour l'homme, que sur la terre règne la loi de la jungle. Oui, c'est vrai tant qu'ils restent en bas. Mais qu'ils purifient leurs pensées et leurs sentiments, qu'ils les éclairent et ils trouveront les uns auprès des autres l'amour et la lumière.

Vous ne saurez combien votre vie peut devenir riche et pleine que si vous pensez à l'harmoniser avec la vie divine. Peu à peu, tout le savoir et les vertus célestes viendront s'installer en vous. La vie… rien n'est plus important que la vie, parce qu'elle contient en germe toutes les possibilités de développement. Voici un homme doué des plus grands talents, mais s'il lui arrive de s'évanouir, c'est comme s'il n'avait plus rien ; ranimez-le et il retrouve toutes ses capacités. Chacun peut ainsi s'efforcer de développer ses dons mais s'il ne se préoccupe pas d'abord d'entretenir la vie en lui, il perdra tout.

Malheureusement, ce n'est jamais la vie que les gens considèrent. Ils veulent obtenir un plaisir quelconque, et pour l'obtenir, non seulement ils gaspillent leur vie, qui est leur bien le plus précieux, mais encore ils coupent le lien avec la vie divine. Et c'est là le plus sûr moyen de marcher vers la mort, la mort spirituelle d'abord, et ensuite la mort physique.

8 Octobre

Il y a quelques jours, vous avez rencontré un ami : il était vivant. Mais depuis, il a eu un accident, et maintenant vous le voyez étendu sur un lit : il est mort. C'est toujours lui, mais quelque chose d'invisible l'a quitté, ce quelque chose qui le faisait marcher, parler, penser, aimer. Et vous pouvez déposer à côté de lui toute la nourriture et les trésors du monde en lui disant : « Tout ça, c'est pour toi, réjouis-toi ! » rien à faire, il ne bouge pas. Alors, comment peut-on mettre en doute l'existence d'un monde invisible ? Le monde visible – ici, le corps – n'est rien s'il n'est pas animé, soutenu par une réalité invisible. Derrière le visible, il faut toujours chercher l'invisible.

Si le monde existe pour nous, si nous pouvons voir le ciel, le soleil, c'est grâce à ce principe invisible en nous qui nous permet de les découvrir à travers les instruments visibles que sont nos yeux. Si ce principe invisible n'était pas là, nos yeux qui sont là ne nous serviraient à rien, nous n'y verrions pas. Le monde visible n'est que l'enveloppe du monde invisible sans lequel nous ne pourrions rien connaître de tout ce qui existe autour de nous.

Le processus de sublimation de la force sexuelle peut être représenté sous plusieurs formes symboliques. L'Arbre séphirotique* est l'une de ces formes. Sur le pilier central que l'on peut assimiler à la colonne vertébrale, sont placées, de bas en haut, les trois séphiroth *Iésod, Tiphéreth* et *Kéther*. De *Iésod à Kéther,* en passant par *Tiphéreth,* tel est symboliquement le chemin de la force sexuelle sublimée. À l'extrémité supérieure du pilier central, la sainteté de *Kéther,* qui est la tête couronnée, a son origine dans la pureté de *Iésod,* les organes sexuels. La sainteté de *Kéther* c'est l'énergie sexuelle que le disciple s'efforce de faire monter, grâce aux puissances de *Tiphéreth,* le Soleil, jusqu'à ce qu'elle arrive à se manifester en haut, au-dessus de sa tête, comme une lumière d'or.

Oui, et tel est le but de l'Initiation : être capable de maîtriser une force brute qui nous entraîne vers le bas, la faire changer de direction et travailler sur cette quintessence jusqu'à la transformer en une aura de lumière.

* Voir tableau et note, p. 374-376.

Beaucoup se lancent dans la vie spirituelle, dont ils ne mesurent aucune des difficultés, en voulant immédiatement entreprendre de grandes choses. Et cela finit fatalement par des accidents ou des déceptions. Si, sans aucune préparation préalable, vous voulez sauter par-dessus un grand et large précipice, vous tomberez dedans, et quand vous vous relèverez – si jamais vous vous relevez – vous aurez reçu un tel choc que désormais vous renoncerez même à tenter les plus petits efforts. Par contre, si vous apprenez à sauter un fossé de cinquante centimètres, puis de soixante, ainsi de suite, vous irez très loin. Parce que, petit à petit, vous vous renforcerez et prendrez confiance en vous.

Il en est de même pour la vie spirituelle. Que de méthodes je vous ai déjà données ! Prononcer quelques mots, faire un geste, maîtriser certaines impulsions… Mais vous n'utilisez pas ces méthodes parce qu'elles vous paraissent trop insignifiantes. Or, ce sont ces petits exercices justement qui peuvent vous amener très loin. Tandis que les entreprises grandioses vous détruiront. Combien de personnes ont voulu se lancer dans des pratiques d'occultisme pour devenir des clairvoyants, des mages, etc., et elles ont perdu la raison.

En faisant du diable l'ennemi irréductible de Dieu, combien de théologiens ont faussé l'image du Créateur et Maître de l'univers ! Si une entité arrive à ce point à Lui tenir tête, c'est qu'elle est aussi puissante, ou même plus puissante que Lui. Vous direz qu'ils n'ont jamais pensé cela… Mais si, la preuve : dans la chrétienté, tout au long du Moyen-Âge, et bien au-delà, dès que des hommes ou des femmes manifestaient des dons un peu exceptionnels, on les accusait de tenir ces dons du diable, d'avoir fait un pacte avec lui. Et, malheureusement, c'est l'Église qui a contribué à répandre cette croyance.

Oui, si le diable a tenu une telle place dans la chrétienté, c'est l'Église qui en est responsable. Quelqu'un prophétisait, guérissait des malades, ou recevait des messages du Ciel ? Ah non, ce n'était pas le Ciel, mais le diable qui l'inspirait. Alors, il ne faut pas s'étonner si certains ont réellement voulu faire un pacte avec lui : pourquoi, se disaient-ils, aller servir un Dieu incapable, puisque toutes les connaissances et tous les dons viennent de son adversaire, le diable ? D'une certaine manière, ils raisonnaient bien. Alors, voilà à quelles absurdités aboutit la religion quand elle ne possède pas le véritable savoir initiatique sur le bien et le mal.

12 Octobre

Très jeunes déjà, les garçons et les filles qui font des études sont obligés d'avoir une telle activité intellectuelle, et souvent une activité tellement disparate, qu'ils n'arrivent plus à maîtriser leur pensée. C'est cette agitation mentale qui les empêche plus tard de s'élever au-dessus des plans astral et mental*, et de sentir la réalité du monde spirituel.

Celui qui veut goûter les réalités spirituelles, doit mettre pour un moment son intellect en sommeil. Les sages de l'Inde ont raison quand ils disent que l'intellect est l'assassin de la réalité. Avec l'intellect on peut accumuler beaucoup de connaissances et raisonner sans fin, mais on reste à la surface. C'est au cœur qu'il est donné de connaître la réalité. Mais à condition de comprendre que ce cœur n'est pas le cœur physique ni même le sentiment. Quand les Initiés parlent de « l'intelligence du cœur », ils désignent en réalité l'âme, qui seule possède la faculté de percevoir l'essence des êtres et des choses.

* Voir note et schéma, p. 372 et 373.

On peut comparer l'être humain à un livre, un livre qu'il est lui-même en train d'écrire. Et souvent, quel gribouillage, quel charabia ! Toutes les insanités et les aberrations sont là… Et quand deux de ces livres se rencontrent et éprouvent de l'attraction l'un pour l'autre, ils sont là jour et nuit occupés à se lire, mais qu'est-ce qu'ils apprennent de cette lecture ?

Les humains connaissent certainement beaucoup de choses, mais ils n'ont pas encore appris comment ils doivent écrire leur propre livre. Ils ne savent créer qu'à l'extérieur d'eux-mêmes : sculpter, modeler, dessiner, écrire… toujours à l'extérieur ; l'intérieur reste un terrain en friche. Il est temps pour eux de prendre conscience qu'ils doivent se préoccuper de l'écriture de leur propre livre. Alors, chaque fois qu'ils se rencontreront, ils seront émerveillés de pouvoir lire les uns sur les autres des écritures, des dessins sublimes : les qualités, les vertus, les dons que chacun aura travaillé à développer en lui-même.

14 Octobre

Nous sommes sur la terre, et la terre n'est pas le jardin des délices, ainsi que l'on nomme le Paradis, nous y sommes traités durement. Nous devons commencer le travail, sinon nous continuerons à nous poser des questions sans réponse. Dans l'état actuel de l'humanité, personne ne peut éviter les épreuves, elles font partie de l'évolution. Elles sont différentes suivant les êtres, leur âge, leurs conditions de vie, leur degré d'évolution, mais personne ne peut y échapper.

L'enfant et l'adulte, l'étudiant et le professeur, le pauvre et le riche, le simple citoyen et le dirigeant, ont tous des épreuves à passer, car chacun a certaines vérités à comprendre. Ceux qui savent comment traverser les périodes difficiles où vraiment rien ne marche, où ils sont harcelés, épuisés, gagnent infiniment plus que s'ils allaient de succès en succès. Mais pour cela, ils doivent s'efforcer de voir le côté positif de leur situation.

Considéré du seul point de vue physique, un être humain est soit un homme, soit une femme, et généralement il en présente des caractéristiques qui ne trompent pas. Mais du point de vue psychique, c'est beaucoup plus complexe, car chacun possède intérieurement les deux principes, masculin et féminin, et on ne peut pas réduire l'homme au seul principe masculin ni la femme au seul principe féminin. Dans le symbolisme chinois du yin-yang, par exemple, la partie yin, noire, féminine, contient un point blanc, et la partie yang, blanche, masculine, contient un point noir, pour exprimer que le masculin contient toujours une part féminine, et inversement.

Les hommes et les femmes ne sont pas des principes abstraits, les hommes et les femmes sont des combinaisons de masculin et de féminin dans des proportions inégales. Et il faut encore considérer que d'une incarnation à l'autre, ils peuvent changer de sexe. Pourquoi ? Parce que l'Intelligence cosmique a décidé que, pour évoluer, se perfectionner, l'être humain doit faire l'expérience des deux conditions, et acquérir ainsi en plénitude les qualités du principe masculin et du principe féminin.

16 Octobre

« Le temps est accompli. Le Royaume de Dieu est proche », disait Jésus. Beaucoup feront remarquer que deux mille ans se sont écoulés depuis qu'il a prononcé ces paroles et que le Royaume de Dieu est encore bien loin : la terre est toujours le lieu de tellement de malheurs, de misères, de famines, de guerres ! Alors comment comprendre cette prophétie ?

Par son enseignement Jésus jetait les bases du Royaume de Dieu. Pour ceux qui l'ont compris il est déjà venu. Oui, dans l'âme et le cœur de ceux qui étaient suffisamment prêts pour qu'il s'y installe, de ceux qui étaient capables d'accepter et d'appliquer son enseignement d'amour, il est déjà venu. Pour d'autres, il est proche, il est en train de venir. Et pour une troisième catégorie, il viendra… on ne sait pas quand ! Donc, il est déjà venu, il vient et il viendra… les trois affirmations sont également véridiques.

De certaines personnes habitées par la haine, la violence et l'esprit de destruction, on dit que partout où elles passent l'herbe ne repousse plus. Cette image est évidemment symbolique, mais elle n'est pas exagérée. Et d'autres êtres au contraire, qui sont habités par l'amour et la bonté, laissent partout sur leur passage des empreintes tellement bénéfiques que ceux qui viennent après eux se sentent éclairés, réchauffés, vivifiés. Alors, est-ce que la connaissance de cette vérité ne vous inspire pas la volonté de vous manifester partout comme une présence bénéfique ? Dans tous les endroits où vous vous trouvez, pendant quelques instants au moins pensez à prononcer les souhaits les meilleurs : « Que tous ceux qui viendront ici soient touchés par la lumière ! Puisqu'ils sont tous des enfants de Dieu, que leur soit communiqué le désir de travailler pour la paix, pour la fraternité ! »

Vous direz que personne ne vous a jamais parlé d'une telle pratique. Mais pourquoi est-il nécessaire qu'on vous en parle ? Est-ce qu'il y a besoin de vous suggérer de souhaiter les meilleures choses pour les êtres qui vous sont chers ? Non, vous le faites spontanément, car vos sentiments vous y poussent. Alors, pourquoi ne pas penser spontanément à formuler aussi les meilleurs souhaits pour le monde entier ?

Certains êtres descendent sur la terre avec une mission, mais il peut arriver qu'ils s'en écartent et cèdent à certaines tentations au point qu'il ne reste plus rien en eux pour leur rappeler les promesses qu'ils ont faites. C'est ainsi qu'on a vu dans l'histoire de très grands esprits, des Initiés, oublier leur mission pour aller se perdre sur une autre voie. C'est une des difficultés de la vie spirituelle : arriver à se souvenir, au moins confusément, de la promesse faite devant le Ciel et mettre tout en œuvre pour l'accomplir en sachant démasquer les personnes et les situations qui peuvent représenter des dangers. Car toutes sortes d'embûches sont aussi placées sur la route des êtres les plus évolués.

Ceux qui vont ainsi s'égarer sur des chemins de traverse, ne peuvent que souffrir, car ils s'aventurent dans des régions qui ne sont pas pour eux. D'autres s'y trouvent très bien ? C'est normal, elles correspondent à leur degré d'évolution. Mais ceux qui étaient destinés à vivre et à travailler dans des régions supérieures où rien ne leur manquait pour remplir leur tâche, sont poursuivis par de terribles tourments.

19 Octobre

Les humains attendent généralement des êtres autre chose que ce qu'ils peuvent leur donner ; et ce qu'ils leur donnent de précieux, ils le négligent, parce que ce n'est pas cela qu'ils attendaient. Regardez : est-ce que les créatures humaines ont de la reconnaissance pour le Créateur ? Non, et elles trouvent même toutes sortes de reproches à Lui faire. Est-ce que les enfants sont vraiment reconnaissants vis-à-vis de leurs parents ? Vous entendez souvent comment ils les critiquent et se moquent d'eux…

Et ne parlons pas des griefs que nourrissent les disciples à l'égard de leur Maître ! Il a beau leur donner toutes les méthodes pour travailler sur eux-mêmes, se perfectionner et devenir de véritables fils et filles de Dieu, lumineux, rayonnants, non, non, ce n'est pas cela qu'ils veulent ; ils veulent les succès, les pouvoirs, la gloire, rencontrer l'âme sœur, et le Maître est très coupable de ne pas répondre à leurs désirs. Seigneur Dieu, que faire avec des êtres pareils ? Il ne faut pas s'étonner ensuite s'ils sont éternellement malheureux. Qu'ils apprennent un peu à donner quelque chose en échange de tout ce qu'ils reçoivent du Seigneur, de leurs parents, et de leur Maître – s'ils en ont un. Qu'ils soient au moins un peu conscients qu'ils reçoivent quelque chose, et ils trouveront la paix et la joie.

Puisque le Seigneur possède toutes les vertus, Il possède aussi toute la richesse de l'univers. C'est en accord avec cette loi que, dans le passé lointain, quand l'ordre originel des choses était respecté, la richesse matérielle n'était donnée qu'à ceux qui possédaient la richesse spirituelle, et ceux qui étaient pauvres intérieurement étaient pauvres aussi matériellement. Maintenant on ne voit plus que cet ordre soit respecté sur la terre, mais comme la loi est absolue (tout ce qui est en bas doit être comme ce qui est en haut), cet ordre sera un jour rétabli à nouveau, et chacun trouvera sa place : ceux qui sont riches d'intelligence, de bonté, de noblesse, recevront les richesses matérielles correspondantes, grâce auxquelles ils pourront s'épanouir et faire le bien. Quant à ceux qui n'auront pas ces qualités, ils devront se contenter de peu.

Évidemment, ce ne sont pas les humains qui rétabliront cet ordre, car ils ne savent pas qui mérite et qui ne mérite pas ; ce sera l'œuvre de l'Intelligence cosmique, car la loi des correspondances est une loi immuable dans l'univers.

Avant d'entreprendre quoi que ce soit, le sage commence par réfléchir, il considère tous les éléments du travail à exécuter, du problème à résoudre ; ensuite, il fait intervenir l'amour, c'est-à-dire le goût, l'intérêt pour la tâche à accomplir ; enfin, il décide de se mettre au travail pour réaliser son projet. Donc, on peut dire que ce qu'il a bien conçu par la pensée, le sage le renforce et le vivifie par un sentiment d'amour, et enfin il le réalise grâce à une volonté sans faille.

Et voyons maintenant comment s'y prennent la majorité des humains. Ils se lancent brusquement dans l'action sans avoir bien étudié le projet, ils se heurtent évidemment à des obstacles, ils souffrent, ils se lamentent, et ce n'est qu'après s'être bien lamentés qu'ils finissent par réfléchir aux causes de leurs échecs. Eh bien, c'est un peu tard, il fallait commencer par la réflexion.

22 Octobre

Il a existé une époque où les êtres étaient vraiment capables de s'aimer et de se rester fidèles, c'est pourquoi il n'existait pas alors d'institution du mariage. On a institué le mariage parce que les humains ne savaient plus aimer. C'est pour les obliger à respecter leurs engagements qu'on a dû inventer des lois, des sacrements, etc. Quand il y a l'amour, est-ce qu'on a besoin de papiers, de contrats, de maire ou de curé ? Et puis même, est-ce que tous les papiers, les maires et les curés empêchent les couples mariés de se trahir, de se déchirer et de se séparer ? Non, malheureusement.

Quand il y a l'amour, on n'a besoin de rien d'autre pour qu'il dure éternellement, pas même de la bénédiction des prêtres. Parce que Dieu, déjà, a donné sa bénédiction. Dieu est dans l'amour de ceux qui s'aiment véritablement, et c'est cela la seule bénédiction authentique : l'amour lui-même.

Le monde physique, le monde spirituel et le monde divin… Ou bien, la forme, le contenu et le sens… Ou encore le monde des faits, le monde des lois et le monde des principes. C'est toujours la même trinité : le corps, l'âme et l'esprit. L'esprit correspond au monde divin, l'âme au monde spirituel et le corps au monde physique. L'âme se situe donc entre la matière et l'esprit, c'est un intermédiaire, un véhicule qui transporte les éléments du ciel vers la terre et de la terre vers le ciel. Tout ce qui descend et tout ce qui monte passe par l'âme, l'esprit ne peut que tendre vers le bas, et la matière ne peut que tendre vers le haut, mais l'âme monte et descend entre les deux. C'est pourquoi l'esprit n'a de pouvoir sur la matière qu'en passant par l'âme.

Regardez ce qui se passe dans la nature : le soleil ne peut pas agir directement sur la terre, il lui faut des intermédiaires, et ces intermédiaires sont l'air et l'eau. De la même façon, notre esprit ne peut pas toucher directement notre corps physique, il lui faut un intermédiaire : l'âme.

24 Octobre

Il est naturel d'avoir peur. Mais cet instinct, si nécessaire à la survie de l'espèce humaine, peut prendre des formes tout à fait irrationnelles, tellement irrationnelles qu'au lieu de les sauver il a causé la perte de quantité d'hommes et de femmes. C'est pourquoi il ne faut pas attendre d'avoir à affronter de grands périls pour s'exercer à vaincre la peur.

Chaque jour, vous avez des occasions de vous trouver brusquement confronté à des faits, des situations qui peuvent vous inspirer de la crainte. Ne serait-ce que des paroles… Une personne, par exemple, menace de vous priver de quelque chose à quoi vous tenez, de s'opposer à un de vos bons projets. Au lieu de prendre peur immédiatement et de riposter de façon agressive, de partir en claquant la porte, taisez-vous, restez tranquille, car si vous réagissez impulsivement cela ne fera qu'aggraver la situation. Qui sait si ce ne sont pas là que des menaces en l'air ? Et même si elles sont réelles, vous arriverez mieux à faire face si vous savez garder votre sang-froid. Tâchez de vous remémorer toutes les occasions où, par peur de ce que vous considériez comme un danger, vous avez réagi impulsivement, et vous l'avez ensuite regretté.

Les humains ne sont pas naturellement portés à entrer dans la situation les uns des autres, et c'est de là que proviennent tant d'erreurs de jugement, tant de cruautés et d'injustices. Au moment où vous allez vous prononcer à son sujet, que savez-vous de la situation dans laquelle se trouve une personne ?… Alors, avant de la critiquer, de l'accuser, pour quelques minutes au moins faites l'effort de vous mettre à sa place : à ce moment-là, vous vous rendrez peut-être compte que, si vous étiez dans sa situation, vous vous conduiriez dix fois plus mal qu'elle.

Cela vaut la peine de chercher à entrer dans la situation des gens qui vous sont désagréables et que vous êtes toujours prêt à condamner. Quelques minutes seulement chaque jour de cet exercice et vous acquerrez des qualités de patience, d'indulgence, de douceur, de générosité dont vous bénéficierez, et eux aussi.

Quand vous ressentez une grande joie, ne vous y abandonnez pas sans retenue. Au contraire, soyez vigilant, et même attendez-vous à subir quelques désagréments de la part des événements ou de votre entourage. Oui, il faut vous y attendre, parce que si vous êtes insouciant, négligent, vous serez pris au dépourvu.

C'est une loi : étant donné que tout est lié, lorsqu'un mouvement se produit dans une certaine région, un mouvement inverse se déclenche automatiquement dans une autre région. Alors, quand vous apprenez une bonne nouvelle, par exemple, ou que vous remportez un succès, soyez tout de suite en alerte, sachez qu'un courant négatif se prépare déjà à vous attaquer et préparez-vous à vous défendre. Si vous n'êtes pas sur vos gardes, vous allez vous laisser surprendre et vous risquez de perdre tout ce que ce moment de grâce vous a apporté.

Il est impossible d'aborder la science ésotérique sans rencontrer, à un moment ou à un autre, la question de la magie, et en particulier de la magie noire. Mais la magie noire est un domaine qu'il est plus raisonnable de laisser de côté et, surtout, il faut éviter de s'imaginer qu'on peut en être victime. Celui qui craint d'être victime de la magie noire, attire déjà sur lui des courants négatifs. Oui, parce que cette crainte le rend vulnérable et donc réceptif à toutes sortes d'éléments obscurs qui flottent dans l'atmosphère. C'est comme les épidémies : si vous êtes fragile, réceptif, vous attrapez tous les microbes des gens que vous rencontrez ; mais si vous êtes robuste, résistant, émissif, vous passez au travers.

Alors, ne vous inquiétez pas pour la magie noire : renforcez-vous, pensez à la lumière, travaillez avec la lumière, et c'est la lumière en vous qui repoussera ce qui est négatif. Une roue qui tourne très rapidement rejette la boue, mais dès qu'elle commence à tourner au ralenti, toutes les saletés se collent à elle. Et la source qui jaillit avec force rejette les feuilles et les brindilles qui pourraient l'obstruer. Donc, au lieu de vous laisser aller à la paresse psychique, devenez comme une source.

28 Octobre

Un être humain ne peut pas posséder cette conscience universelle qui le rendrait capable de se mettre au diapason avec tout ce qui existe. Il ressent toujours certaines répulsions, que ce soit pour une nourriture, pour des objets, pour des visages ou des comportements. Quand on vient sur la terre, on prend un corps dans une famille quelque part, et ce corps ne vibre pas en harmonie parfaite avec l'univers et avec toutes les créatures.

Mais doit-on accepter cet état de choses jusqu'à en faire une règle de conduite ? Non. Évidemment, il est plus facile de ne chercher que ce qui est agréable. Mais si vous écoutez la sagesse qui voit autrement les choses, elle ne vous approuvera pas d'agir seulement d'après ce qui vous plaît ou vous déplaît. Pourquoi ne pas essayer d'avoir des vues plus vastes, en cherchant ce qui est bon pour soi-même mais aussi pour les autres ? Au lieu de la servir jour et nuit, décidez de vous imposer à cette nature capricieuse en vous qui aime ceci, qui déteste cela. Tant que vous prendrez vos goûts, vos sympathies et vos antipathies pour guides, vous allez vous égarer.

Savoir, vouloir, oser, se taire, la quintessence de l'Initiation est contenue dans ces quatre mots. Mais pourquoi se taire ? demanderez-vous. Parce que les découvertes faites grâce aux trois activités précédentes : savoir, vouloir et oser, sont d'une telle nature, d'une telle puissance, qu'il est très dangereux de les révéler à ceux qui n'y sont pas préparés, soit qu'ils n'aient pas eux-mêmes commencé à marcher sur le chemin spirituel, soit qu'ils aient de mauvaises intentions et puissent en faire un mauvais usage. Oui, se taire montre l'importance incommensurable de ces connaissances, de cette volonté et de cette audace.

Jésus disait : *« Ne jetez pas des perles devant les pourceaux ».* Une des plus grandes tragédies de l'humanité est cette tendance qu'ont les gens d'utiliser les meilleures choses pour les pires entreprises, et c'est pourquoi il est préférable de ne pas leur faire certaines révélations.

Le Maître Peter Deunov disait : « Si vous nourrissez en vous l'idée de l'amour sous sa forme la plus sublime, vous obtenez l'aide de milliers et de milliers d'âmes aimantes, car l'amour sous-entend le travail collectif d'une multitude d'âmes liées entre elles par cette idée de l'amour. L'amour divin est la plus grande force qui existe. Ne doutez jamais de cette vérité, afin que les âmes qui travaillent en son nom demeurent toujours auprès de vous. »

Ces paroles méritent d'être méditées, mastiquées, digérées, car elles nous ouvrent des horizons extraordinaires. Quand nous serons parvenus à cette conception divine de l'amour, nous attirerons d'en haut des milliers d'âmes qui viendront nous aider, nous soutenir. Le langage humain est faible pour exprimer la joie de ceux qui reçoivent la visite d'un tel amour. Il leur suffit d'apercevoir en passant le visage d'un homme ou d'une femme pour se sentir dans la plénitude.

Où vous mènera la pratique de la philosophie, de la science et de l'art, si vous n'êtes pas d'abord bien nourri et vivant ? Ce qui importe avant tout, c'est de se nourrir, d'être vivant, et ensuite vous pouvez pratiquer toutes les disciplines, si vous en avez le goût, le temps et les capacités.

Dans les universités, les académies, on donne aux étudiants beaucoup de connaissances, mais on ne les nourrit pas. Voilà pourquoi ils ont les jambes chancelantes, le cœur vide et du brouillard devant les yeux. À l'école des grands Initiés, au contraire, on nourrit bien les étudiants, et lorsqu'ils sont devenus forts et robustes, on leur donne une charrue, on leur explique comment labourer la terre et on les met au travail. Vous direz : « Quoi ? Une terre à labourer ? Quelle terre ? » Celle que chacun possède : sa tête. Ceux qui savent labourer et planter de bonnes semences dans leur propre terre, mangeront à satiété toute leur vie. Les autres ne verront pousser que des chardons, des épines et des ronces qui non seulement ne leur seront pas utiles, mais leur nuiront et nuiront à leur entourage.

Qu'elle soit physique, affective ou intellectuelle, toute activité s'accompagne d'une combustion. Elle entraîne donc la formation de déchets qu'il faut rejeter, car leur accumulation crée des encombrements nuisibles au bon fonctionnement de l'organisme.

Quand on doit allumer le feu dans un poêle, par exemple, si on n'enlève pas d'abord les cendres de la veille, le feu ne prendra pas, le poêle ne marchera pas. Il en est de même pour l'organisme physique, mais aussi pour l'organisme psychique, le domaine des pensées et des sentiments. C'est pourquoi vous devez améliorer votre façon de vivre, c'est-à-dire la façon de vous nourrir, de penser, de sentir, d'aimer, car à ce moment-là vous remplacez les éléments usés, pollués par d'autres beaucoup plus subtils, légers, éthériques. C'est ainsi que vous alimentez votre feu intérieur et vous vous sentez soutenu tout au long de votre route.

2 *Novembre*

Quel souci pour le médecin et les infirmières quand l'enfant qui va naître se présente par les pieds ! Oui, car l'enfant qui vient au monde doit se présenter par la tête. Mais ce n'est que l'aspect physiologique de la question, et cette position de l'enfant à la naissance peut encore nous instruire sur bien des points.

Regardez : pour plonger dans l'eau, le nageur s'élance la tête en bas, et quand il veut sortir de l'eau, au contraire il la redresse. Si l'enfant vient au monde la tête en bas, cela révèle que l'esprit qui descend des régions subtiles doit plonger dans un monde beaucoup plus dense. Cette position est un symbole de l'esprit qui s'engouffre dans la matière. Et inversement, quand l'homme meurt, il quitte une région très dense pour pénétrer dans une région plus subtile, exactement comme le nageur qui sort de l'eau pour venir à l'air, plus subtil. La naissance est donc une forme de mort. Oui, la naissance d'un enfant, c'est une mort dans les régions subtiles. Et la mort sur la terre est une naissance en haut…

3 Novembre

Même pour les meilleures personnes, l'argent peut être une source de tentations. Il faut être très fort pour mener au milieu de l'opulence la même vie spirituelle que si l'on ne possédait que le strict nécessaire. Pourquoi croyez-vous que les ermites vont vivre dans les déserts ou que les moines acceptent de faire vœu de pauvreté ? Parce que la richesse n'est pas la meilleure condition pour la vie spirituelle qui exige tellement de renoncements et d'efforts intérieurs. Ils ont compris que la vraie richesse, c'est d'y voir clair et d'être dans la paix. Car qu'est-ce que cette richesse que l'on obtient au détriment de tout ce qui est le plus précieux en soi ?

La véritable richesse est celle des pensées et des sentiments que l'on peut distribuer aux autres sans jamais s'appauvrir soi-même.

Éduquer un enfant ne consiste pas uniquement à chercher à lui inculquer de bons préceptes. Si les parents lui donnent le spectacle de leurs mensonges, de leurs énervements, de leurs violences, comment peuvent-ils s'imaginer qu'ils vont l'éduquer ? On a observé qu'un bébé peut tomber malade et manifester des troubles nerveux à cause des disputes de ses parents, même s'il n'en a pas été témoin. La raison en est que ces disputes créent autour de lui une atmosphère de désharmonie que l'enfant ressent, parce qu'il est encore très lié à ses parents. Le bébé n'est pas conscient, mais c'est son corps éthérique* qui reçoit les chocs.

On voit certains parents se conduire d'une façon tellement invraisemblable qu'on ne peut s'empêcher de se demander s'ils aiment vraiment leurs enfants. Eux, évidemment, diront qu'ils les aiment. Non, s'ils les aimaient, ils changeraient d'attitude, ils essaieraient au moins de se corriger de certaines faiblesses qui agissent très négativement sur leurs enfants. Tant qu'ils ne font pas ces efforts, c'est qu'ils ne les aiment pas vraiment.

* Voir note et schéma, p. 372 et 373.

5 Novembre

L'Intelligence cosmique a doté l'être humain d'un intellect, d'un cœur et d'une volonté. Pour satisfaire son intellect il a besoin de penser ; pour satisfaire son cœur il a besoin d'éprouver des sentiments ; pour satisfaire sa volonté il a besoin d'agir. Et c'est dans l'action qu'il connaît les plus grandes joies. La plénitude ne se trouve pas dans la compréhension ou dans le sentiment, mais dans l'action, la réalisation.

Lorsqu'on agit, on se sent accordé, à l'unisson avec la force primordiale. Car un acte suppose la concentration de toutes les énergies, la participation de toutes les cellules de notre être en vue d'un geste qui en est l'accomplissement. C'est pourquoi tout acte de bonté, de sagesse, de désintéressement, d'amour, exécuté en pleine conscience, nous apporte la plénitude.

La patience est la qualité qui consiste à supporter. Oui, mais il y a façon et façon de supporter. Certains actes, certaines paroles vous exaspèrent, et même si vous ne bougez pas, si vous gardez le silence, vous bouillonnez intérieurement de colère ou de révolte. Cela arrive, en particulier, quand vous devez subir l'autorité d'un supérieur : même s'il abuse, vous ne bougez pas, vous ne dites rien, en sachant que si vous ripostiez vous ne feriez qu'aggraver la situation. Mais ensuite, pendant des heures, vous ruminez vos griefs, vous vous rongez, et cela vous fait mal. Eh bien, ce n'est pas cela la patience.

La patience, la vraie, s'accompagne d'une sensation de force et de paix, elle suppose donc que vous ayez fait préalablement un grand travail intérieur. Il faut avoir acquis beaucoup de sagesse pour être enfin patient.

Si vous passez un jour par de terribles épreuves, au point de vous sentir déchiré, disloqué, sachez que le Ciel a décidé de vous manger. Eh oui, ne soyez pas étonné : vous manger, cela veut dire vous recevoir en haut parmi les élus. Ces épreuves, c'est le nettoyage qu'il est obligé de faire pour vous débarrasser de tous les éléments indigestes et ne garder que ce qui est bon pour son festin.

Combien de saints, d'Initiés, de grands Maîtres, avant d'être acceptés et mangés par le Seigneur, c'est-à-dire apportés à sa table pour sa délectation, ont été eux aussi broyés, mis en morceaux ! Et si ces épreuves ne sont pas encore arrivées pour vous, c'est peut-être que le Ciel ne vous trouve pas assez mûr ni digne d'être servi sur sa table.

Celui qui dit : « Moi, je » sait-il toujours vraiment de qui il parle ? Lorsqu'il dit : « Je suis… (malade, ou bien portant, malheureux ou heureux), je veux… (de l'argent, une voiture, une femme), j'ai… (tel désir, tel goût, telle opinion) », il croit qu'il s'agit réellement de lui, et c'est justement là qu'il se trompe.

Comme les humains ne se sont jamais analysés en profondeur pour connaître leur véritable nature, ils s'identifient sans cesse avec ce « je » représenté par leur corps physique, leurs instincts, leurs désirs, leurs sentiments, leurs pensées. Mais qu'ils cherchent maintenant à se retrouver par l'étude et la méditation : ils parviendront à découvrir, par-delà toutes les apparences, que leur véritable moi se confond avec Dieu Lui-même. Car la réalité, c'est qu'il n'existe pas une multitude d'êtres séparés, mais un Être unique qui travaille à travers tous les êtres, qui les anime et se manifeste en eux, même à leur insu. Quand ils arriveront à sentir cette réalité, les humains se rapprocheront de la Source divine où ils ont tous leur origine.

Les formes ont tendance à se figer, et si les humains ne sont pas vigilants, l'esprit qui habite ces formes n'a plus la possibilité de se manifester, il doit partir à la recherche de nouvelles formes plus adaptées à ce qu'il veut exprimer.

Cette loi est valable dans tous les domaines, même celui de la religion. L'Église chrétienne, par exemple, qui depuis des siècles s'obstine à maintenir les mêmes formes, est dans l'erreur. Pourquoi refuse-t-elle de comprendre qu'il faut toujours affiner, diversifier les formes, afin qu'elles arrivent à exprimer de plus en plus, de mieux en mieux, les courants toujours nouveaux de l'esprit ? Ce sont les humains qui s'accrochent aux formes ; l'Intelligence cosmique, elle, n'a rien fixé définitivement. Si les humains refusent de faire évoluer les formes, il y a toujours des événements qui viennent bouleverser, casser tous ces rites, ces doctrines qu'on croyait installés pour l'éternité. Ce que pensent les humains n'est pas ce que pense l'Intelligence cosmique ; elle, elle a d'autres projets. C'est pourquoi on va voir se produire des bouleversements au travers desquels l'esprit montrera qu'on ne doit pas le limiter.

De celui qui est facilement blessé, vexé, on dit qu'il est sensible. Non, la véritable sensibilité est une ouverture totale à la beauté et à la lumière du monde divin, et une fermeture à toutes les laideurs et les absurdités du monde humain. Donc, ce que l'on appelle généralement sensibilité, c'est-à-dire la capacité de ressentir douloureusement l'indifférence, le mépris, les critiques, les vexations, n'est en réalité que de la susceptibilité, de la sensiblerie. Alors, que reste-t-il à ces pauvres malheureux pour qui ni le Ciel, ni les anges, ni les amis, ni la beauté n'existent, mais seulement les gens injustes, méchants et mal intentionnés ?

Il ne faut pas confondre sensibilité et sensiblerie. La sensiblerie est la manifestation maladive d'un « moi » pauvre, mesquin, étroit, névralgique. La sensibilité, au contraire, est un degré supérieur de l'évolution qui met l'homme en relation avec les régions célestes et lui permet de vibrer à l'unisson avec toute la beauté de l'univers.

Notre corps physique est construit symétriquement de part et d'autre d'un axe central, la colonne vertébrale, et en ce sens on peut dire qu'il est régi par le nombre 2. Nous avons 2 yeux, 2 oreilles ; et le cerveau et le nez, bien qu'étant 1, sont en réalité 2, avec les 2 hémisphères et les 2 narines. Puis il y a les 2 poumons, les 2 reins, et plus bas encore pour l'homme les 2 testicules et pour la femme les 2 ovaires. Enfin, nous avons 2 bras et 2 jambes.

Même si cette symétrie n'est pas absolue, car le côté gauche de notre corps n'est jamais le symétrique exact du côté droit, physiquement elle existe. Mais psychiquement, la question se présente tout à fait différemment. L'étude du cerveau humain a révélé que les fonctions des deux hémisphères ne sont pas identiques : l'hémisphère gauche est le siège des facultés analytiques (la logique, le raisonnement) que l'on peut qualifier de masculines, et l'hémisphère droit est le siège des facultés de synthèse (l'intuition, la sensibilité) que l'on peut qualifier de féminines. Ainsi, ces deux hémisphères ont des activités complémentaires. On peut donc dire que notre corps physique est construit sur une symétrie, tandis que notre psychisme repose sur une polarisation masculine et féminine, positive et négative.

Dans chacune de leurs entreprises les humains ont tendance à se déterminer presque exclusivement d'après les bénéfices matériels qu'ils pensent en tirer : ils ne voient pas combien il est inutile de se concentrer sur des possessions qui, puisqu'elles leur sont extérieures, ne leur appartiendront jamais vraiment. Tant qu'ils ont de l'argent, des terrains, des machines, des armes, ça va, ils se sentent forts et libres. Mais le jour où ils en sont privés, ils sont perdus. Voilà pourquoi les sages tâchent d'entraîner les humains sur un chemin où ils deviendront forts intérieurement, riches intérieurement, afin que leurs armes et leurs richesses leur appartiennent pour l'éternité.

Les sages ne sont pas contre les nouvelles réalisations de la technique ; non, ils les utilisent, eux aussi, et ils en sont très contents. Mais ils ne tombent pas dans le piège. Ils travaillent dans un autre domaine qui leur appartient à eux et dont ils peuvent disposer à n'importe quel moment. Voilà la véritable indépendance.

13 Novembre

Il y a des animaux que l'on peut très facilement capturer après leur repas, car la digestion les rend somnolents. De la même façon, les humains aussi, après certains repas, peuvent se laisser aller à une somnolence qui les expose à être capturés. Ces repas qu'ils prennent dans les plans astral et mental inférieurs leur sont offerts par les entités ténébreuses du monde invisible. Et quels repas ! C'est tout un défilé de mets et de vins qu'ils trouvent particulièrement succulents. Que sont ces mets et ces vins ? L'ambition, la sensualité, la jalousie, la vengeance, la trahison, la haine…

Chaque jour des entités malfaisantes cherchent à tenter les humains avec des festins ; c'est-à-dire qu'elles les attirent dans leurs pièges pour les capturer et les vider de leurs énergies divines. Alors, soyez vigilant, observez-vous, peu à peu vous sentirez combien ces énergies que Dieu a mises en vous sont précieuses et vous ferez tous vos efforts pour les protéger et les augmenter.

L'âme de l'homme est une infime partie de l'Âme universelle, et elle se sent si limitée, si à l'étroit dans le corps physique que son plus grand désir est de se déployer dans l'espace pour se fondre en elle. Aussi est-ce une erreur de croire, comme on le fait généralement, que l'âme tient tout entière dans l'homme. En réalité, non, seule une toute petite parcelle de son âme se trouve en lui ; la presque totalité reste extérieure à lui et mène une vie indépendante dans l'océan cosmique.

Il est important d'avoir des notions justes sur la nature de l'âme et de ses activités. Donc, sachez que ce principe spirituel qu'on appelle l'âme n'est pas enfermé dans le corps physique ; l'âme s'étend bien au-delà du corps physique, et tout en continuant à l'animer, elle voyage pour visiter les régions de l'espace les plus lointaines et les entités qui les peuplent. Notre âme dépasse de beaucoup ce que nous pouvons nous imaginer d'elle : cette partie de l'Âme universelle qui est en nous tend sans arrêt vers l'espace, vers l'immensité, vers l'infini.

15 Novembre

La droite et la gauche… L'opposition que l'on fait traditionnellement entre elles sur le plan moral n'a seulement, il faut le savoir, qu'une valeur symbolique. Cependant, il est préférable d'en tenir compte pour certains gestes de la vie quotidienne. Pourquoi ? Parce que c'est chaque fois l'occasion de faire un travail psychique.

Lorsque vous saluez quelqu'un en lui serrant la main, vous lui tendez la main droite, de même, si vous devez faire un salut de loin, il vaut mieux que ce soit aussi de la main droite, mais surtout, dans les deux cas, n'oubliez pas de mettre de bonnes choses dans votre salut. Et lorsque vous avez à donner un objet, tendez-le aussi plutôt de la main droite et, là encore, faites-le consciemment en accompagnant votre geste d'une bonne pensée.

Avec le temps, les religions quelles qu'elles soient ont fini par se réduire, même pour les croyants, à un ensemble de rites, de pratiques auxquelles leur être intérieur ne participe pas vraiment. Et comme ces pratiques seules ne peuvent pas suffire à éveiller et développer les centres spirituels que chacun porte en soi, elles ont fini par les endormir, les obstruer. C'est pourquoi tant de gens ont beau prier, méditer, ils ne voient rien, ils ne sentent rien, ni les anges, ni les archanges, ni les esprits de la nature ; et ils ne devinent même pas la présence d'entités hostiles qui viennent leur faire du mal, ils ne reçoivent aucun signe avertisseur, leurs radars sont hors d'usage.

Quand le loup rôde auprès d'un troupeau, les brebis sentent sa présence et manifestent leur crainte ; alors le berger, qui les voit, prend des précautions, il sait que le loup n'est pas loin. Comment se fait-il que les brebis sentent le loup, alors que les humains ne sentent pas les entités malfaisantes qui s'approchent d'eux pour leur nuire ?

Imaginez que vous soyez un virtuose ou un acteur : après un concert ou une représentation théâtrale vous recevez une centaine de lettres de félicitations, de remerciements. Or, voilà que, dans cet abondant courrier, vous trouvez une seule lettre désagréable. Que va-t-il se passer ? Tous les témoignages d'estime, d'admiration seront éclipsés par cette seule lettre méchante qui agit comme un poison. Il y a un seul texte empoisonné et tous les autres, pourtant beaucoup plus nombreux, ne réussissent pas à le neutraliser.

Alors, réfléchissez bien à cela, et lorsque vous avez des reproches, des critiques à écrire à quelqu'un, tâchez d'en peser tous les termes avec soin. Une lettre est une chose très importante ; si vous n'en avez pas conscience, vous risquez de provoquer beaucoup de dégâts dans la vie des autres et de détruire aussi beaucoup de bonnes choses dans votre propre vie.

Certaines personnes s'étonnent de se voir faire en rêve des choses qu'elles auraient honte de faire à l'état de veille. Mais il n'y a là rien d'étonnant. Elles ne savent pas que, chaque soir, il faut se préparer au sommeil comme pour un voyage, car le sommeil, comme tout voyage, présente quelques risques.

Il est dit dans la Kabbale que lorsque l'homme s'endort, un esprit impur s'attache à son corps physique pour lui inspirer certains sentiments, certains désirs. Cet esprit impur veut prendre possession du corps endormi parce qu'il possède une grande réserve de forces dont il pourra se servir. Pour vous défendre contre cet esprit impur, vous devez prier le Ciel d'envoyer un ange qui vous protégera et vous conduira à l'école du Seigneur pour y étudier l'amour et la sagesse. Ainsi, pendant le sommeil, vous aurez toujours un gardien qui veillera auprès de votre corps pour le tenir à l'abri de l'esprit du mal, et au matin vous reviendrez de ce voyage éclairé, enrichi.

19 Novembre

Partout il faut que la lumière, la pensée soit toujours première, qu'elle préside à tout. Les sentiments, les émotions, les désirs, doivent venir à la seconde place. Supposez que vous ayez mis le sentiment ou le désir à la première place, et la pensée derrière : vous allez vous laisser aller à vos impulsions, à vos préférences, sans raisonner, sans réfléchir. Eh bien, cela diminuera la valeur de votre activité et vous risquez même d'échouer.

Cela ne veut pas dire qu'il faut supprimer le sentiment ou le désir, non, ce serait vous priver des immenses richesses de cette matière sur laquelle la pensée doit travailler. Mais tâchez de mettre la pensée à la première place, afin de trouver toujours la bonne orientation, les bonnes solutions, le bon comportement.

La majorité des gens ne sont ni méchants ni mal intentionnés, beaucoup même souhaitent sincèrement être utiles aux autres. Mais les bons sentiments et les bonnes intentions ne suffisent pas pour faire réellement le bien. Celui qui veut aider les autres doit commencer par se débarrasser de tous les éléments qui, en lui, s'opposent à ce bien qu'il veut réaliser.

Le bien et le mal sont en effet si intimement enchevêtrés en chaque être que des forces obscures arrivent souvent à profiter de sa bonne volonté. Et alors qu'il est persuadé de se rendre utile, toutes sortes d'éléments contraires au bien se mêlent à ses actions, et les personnes qui devaient en bénéficier ne sont finalement que des victimes. C'est pourquoi par un travail patient de chaque jour, de chaque heure, vous devez chercher à diminuer les états intérieurs qui peuvent servir d'aimants aux forces négatives, et au contraire intensifier les états qui attirent à vous les courants célestes. Quand vous parviendrez à ne plus ouvrir la porte aux forces obscures, vous serez réellement capable d'aider les autres.

Quelqu'un dit : « J'aime »... Oui, il aime, c'est entendu, mais se pose-t-il des questions sur la nature de cet amour ? Se préoccupe-t-il de savoir qu'il existe deux sortes d'amour : intéressé et désintéressé ? L'amour désintéressé n'attend rien des autres, il ne s'inquiète pas, il ne s'accroche pas à eux, il ne les trouble pas. C'est une source qui jaillit, qui donne sans cesse, sans se préoccuper de savoir qui viendra puiser de son eau ; il lui plaît de la distribuer sans compter. Tandis que l'amour intéressé au contraire agit sur les êtres comme une contrainte, il ne cherche qu'à prendre et il entraîne avec lui l'impatience, la déception, la colère, la jalousie, l'angoisse...

L'amour désintéressé évite aussi les discussions, les doutes, la méfiance, il installe la joie, la beauté, l'espérance. C'est une vie nouvelle qui se fraie le chemin et rend les êtres de plus en plus libres, forts et heureux. C'est le chemin de la résurrection. Alors, maintenant, cherchez à quoi ressemble votre amour.

Méditer, prier ne sont pas des activités quelconques, elles doivent vous faire éprouver des sensations d'une nature particulière. Si la méditation et la prière ne vous font pas ressentir une chaleur, une lumière, une force, une joie, un émerveillement, il faut que vous en cherchiez la cause.

Parfois, quand on gratte une allumette, elle ne s'enflamme pas, parce qu'elle est humide ; ou bien c'est peut-être la boîte qui l'est. Et si un briquet ne s'allume pas, c'est qu'il manque d'essence ou que la pierre est usée. Dans les pratiques spirituelles comme dans le plan matériel, les échecs ont toujours une cause qu'il faut trouver. L'intellect ne doit jamais être humide, et le cœur ne doit jamais être sec. Il faut que le cœur soit humide et chaud, et que l'intellect soit sec et froid. Un cœur desséché devient égoïste, et s'il est froid, il manque d'amour. Si on chauffe l'intellect, il s'endort, et si on l'humecte trop, il pourrit. Ces images simples et claires doivent vous aider à remédier aux difficultés de votre vie intérieure.

Combien de gens mettent sur leur nez les lunettes d'une religion qui leur obstruent la vision de l'univers ! Mais alors, quel est l'intérêt d'appartenir à une religion si elle doit leur cacher la splendeur de ce que Dieu a créé et les possibilités de retourner vers Lui ?

L'Église a tellement déformé les humains qu'il n'y a plus moyen de leur faire comprendre maintenant les merveilles de la création. Ce qu'ils ont créé, eux, oui, les images saintes, les reliques, les cathédrales, les pèlerinages, mais ce que Dieu a créé, quel intérêt ? Bien sûr, ce n'est pas ainsi qu'ils s'expriment, mais dans la pratique, c'est ainsi qu'ils se conduisent. Au lieu de dire : « Respectez la vie, mes enfants, car tout est sacré, ce sont des talismans que Dieu a mis partout. Rendez-Lui grâces pour la lumière du soleil et des étoiles, pour l'air, pour l'eau, pour tout ce que nous donne la nature... », c'est seulement leurs boutiques qui comptent : les cérémonies, les chapelets, les médailles... le reste de l'univers ne compte pas. Et voilà comment les rites institués par les Églises finissent par cacher la vraie religion.

24 Novembre

Dans l'Antiquité, pendant la célébration des Mystères, les Initiés assistaient à des danses sacrées exécutées dans les temples par de jeunes vierges qui ne devaient pas se montrer aux profanes et dont toute la vie était consacrée à la pureté. D'autres voulurent les imiter… des disciples chassés des temples à cause de leurs faiblesses et qui créèrent des écoles où ils initiaient, soi-disant, à de grands mystères symbolisés par Isis dévoilée. Quand on n'est pas assez élevé pour atteindre la beauté céleste, on se contente d'imitations grossières.

Ainsi, de nos jours, tous ces spectateurs que l'on voit se presser dans les cabarets pour des séances de strip-tease afin de contempler Isis qui se dévoile, ne sont que des disciples qui, n'ayant pu jadis passer avec succès les véritables examens initiatiques, les préparent dans les lieux de débauche. Et tous obtiennent leur diplôme avec mention « très bien », car cette Isis-là s'y dévoile bien plus facilement que la grande déesse dans les anciens temples ! Et c'est dommage, car celui qui sait comment contempler la beauté véritable peut s'élever jusqu'au trône de Dieu.

Comment pouvons-nous connaître Dieu, puisque ce qui est limité ne peut connaître l'illimité ? En tout cas, pas par nos cinq sens. Nous connaîtrons Dieu quand nous entrerons dans son immensité, quand nous nous fusionnerons avec Lui, quand nous ferons partie de Lui. Tant qu'une goutte d'eau est séparée de l'océan, elle ne peut le connaître ; mais quand elle retourne à l'océan, on ne peut plus l'en séparer, elle est devenue l'océan et elle le connaît.

Donc, tant que l'être humain reste comme une goutte séparée, il ne peut pas comprendre l'immensité et l'infini de Dieu. Il faut qu'il se fonde, qu'il se fusionne, qu'il se perde en Lui. C'est alors qu'il Le connaît, parce qu'il devient Lui, il est Lui. Mais jusque-là il restera en dehors de Dieu, et il continuera à se poser des questions sur son existence.

Beaucoup de métiers sont difficiles et nécessitent de très longues années de préparation. Mais « le métier » le plus difficile est de conduire les humains sur le chemin de la lumière et de la gloire divines. Là, c'est plusieurs incarnations qui sont nécessaires pour s'y préparer ; il faut même avoir été créé pour cela.

Et pourtant, que de gens s'imaginent qu'ils sont capables de guider les autres ! Ils « ouvrent une boutique » pour attirer des disciples, et ils croient leur donner un enseignement. Mais quel enseignement ? Toutes les imperfections, toutes les lacunes qu'ils portent en eux et auxquelles ils n'ont jamais pensé à remédier, se reflètent sur les conseils, les instructions et les orientations qu'ils indiquent. C'est ainsi qu'au lieu de faire gravir à leurs disciples les sentiers abrupts qui mènent vers les hauteurs sublimes, ils les égarent sur des voies remplies d'embûches. Et eux-mêmes souvent finissent par être entraînés dans des précipices.

27 Novembre

Les vérités exprimées dans la Bible ont été vécues par des esprits exceptionnels. Pour les comprendre, il faut s'efforcer de les suivre jusque dans les régions où ils sont eux-mêmes parvenus à s'élever, donc entrer dans leur vision des choses. Pour interpréter les paraboles de Jésus, par exemple, l'analyse des textes ne suffit pas, on a besoin d'une autre science, la science des symboles qui ne peut s'acquérir que par l'exercice des facultés de l'âme et de l'esprit.

Nous comprendrons les textes sacrés quand nous parviendrons à vibrer à la même longueur d'onde que leurs auteurs, sinon leur langue, leur vraie langue nous restera étrangère. Nous devons sentir ce qu'ils ont eux-mêmes senti, vivre ce qu'ils ont eux-mêmes vécu, c'est-à-dire nous élever jusqu'à leur niveau de conscience ; et alors là, vraiment, la lumière jaillit ! Mais ce niveau de conscience élevé ne peut être atteint que si nous améliorons notre façon de vivre, si nous nous montrons plus attentifs, plus respectueux des lois du monde spirituel.

Chaque fois qu'un chimiste combine des métaux et des minéraux dans un alliage, il peut ensuite, à l'aide de certains procédés, revenir en arrière et défaire la combinaison effectuée. Mais les alchimistes, eux, affirment qu'ils connaissent un minéral et un métal qui s'unissent et se dévorent mutuellement, produisant la base de la matière d'où sera extraite la pierre philosophale ; et cette matière ne peut plus être décomposée, la combinaison est irréversible.

Cette théorie n'est compréhensible que si on la transpose dans un autre domaine. L'enfant qui vient au monde est le résultat de la rencontre d'un père et d'une mère. Mais maintenant, comment « décomposer » cet enfant pour retrouver d'un côté son père, et d'un autre sa mère ? C'est impossible. Cet enfant est une entité nouvelle, produit d'une combinaison qui ne peut être défaite pour remonter jusqu'à ses deux parents. Ainsi, la pierre philosophale est l'enfant né d'une union mystique.

29 Novembre

Puisqu'elles sont fixées au sol, les plantes sont obligées de supporter la chaleur, le froid, le vent, l'orage… Ce sont certainement des conditions pénibles, mais malgré cela elles poussent et fleurissent. Et combien sont belles leurs couleurs et agréables leurs parfums !

Le spiritualiste est, symboliquement, exposé aux mêmes conditions difficiles que les plantes. Et pourtant ces conditions sont de beaucoup préférables à celles que choisit le paresseux qui reste à l'abri dans son « grenier ». Au grenier, bien sûr, les semences ne sont pas exposées aux intempéries, mais elles courent d'autres dangers bien plus graves : moisir, être dévorées par les souris ou les vers et surtout ne servir à rien de bon. Or, être inutile est la pire des destinées. Planté dans la vie spirituelle, l'homme se heurte à des obstacles, mais au moins il est sur la bonne voie : il pousse, il se défend, il crée.

La plupart des humains ont de l'amour une conception tellement limitée qu'au moment où un homme et une femme se rencontrent, ils oublient le monde entier, plus rien n'existe pour eux. Ils ne sont pas encore habitués à vivre l'amour d'une façon plus vaste, ils l'appauvrissent, le mutilent ; ce n'est plus l'amour divin qui jaillit et abreuve tous les êtres.

Le véritable amour est celui qui embrasse la totalité des créatures sans se limiter, sans pousser de racines auprès d'une seule. C'est pourquoi il faut désormais que les hommes et les femmes soient instruits dans des conceptions plus larges, qu'ils montrent moins de possessivité et de jalousie : le mari doit se réjouir de voir sa femme ouvrir son cœur au monde entier, et la femme aussi doit être heureuse que son mari ait le cœur si vaste. Cela ne les empêche pas de rester fidèles l'un à l'autre. Lorsque deux êtres vraiment évolués se marient, déjà à l'avance ils se sont laissé cette liberté mutuelle ; chacun se réjouit de pouvoir aimer toutes les créatures dans la plus grande pureté. La femme comprend son mari, le mari comprend sa femme, et tous les deux s'élèvent, marchent ensemble vers le Ciel, car ils vivent la vraie vie, la vie illimitée.

Le Créateur a fait de nous tous les dépositaires de dons, de facultés, de talents que nous devons cultiver. Vous direz que c'est beaucoup de travail et d'efforts que les autres ne reconnaîtront peut-être pas. Mais pourquoi attacher tellement d'importance à ce que vos talents soient reconnus ? Dieu qui vous a donné ces richesses voit, Lui, ce que vous construisez avec elles, et il n'est pas raisonnable de faire dépendre votre développement de l'opinion des autres. Seule doit compter son opinion à Lui, votre Créateur.

Regardez ce qui se passe avec les gens célèbres. Un jour tous ont les yeux fixés sur eux, et quelque temps après ils tombent dans l'oubli… Un jour on les porte aux nues, et quelque temps après on les assassine. Quelquefois même les deux se produisent en même temps : pendant que les uns les admirent et les glorifient, les autres les coupent en morceaux. Et alors, dans quel état vont-ils finir s'ils ne savent pas s'accrocher à quelque chose de solide, de stable en eux-mêmes ?

Du point de vue de l'anatomie physique, l'homme a deux yeux, deux oreilles, une bouche. Mais du point de vue de l'anatomie spirituelle, il a trois yeux, trois oreilles, et deux bouches, en correspondance avec les trois plans physique, psychique et spirituel. Le troisième œil, l'œil mystique, est situé au centre du front. La troisième oreille est située dans la gorge. La deuxième bouche se trouve au sommet de la tête : c'est le chakra Sahasrara, le lotus aux mille pétales, et avec cette deuxième bouche nous pouvons parler et manger dans les régions spirituelles. La prière, la communion ne sont rien d'autre qu'une façon de parler et de se nourrir dans le monde divin.

Quant à la terre, notre planète, elle aussi possède des organes semblables aux nôtres. Sa bouche supérieure, ce sont les hautes montagnes, car c'est par ses sommets les plus élevés que la terre est en communication avec le Ciel.

3 Décembre

Si vous saviez observer la vie tout autour de vous pour en tirer des leçons, vous y trouveriez quelques moyens de sortir de vos difficultés.

Prenons un exemple que l'on peut voir chaque jour. Qui a instruit l'enfant, qui lui a révélé que la parole est une puissance ? Quand il se sent en danger, il pousse un cri : « Maman ! » Où cet enfant a-t-il appris à se servir de ce mot magique ? S'il n'avait pas crié, sa mère n'aurait pas su qu'il était en danger. Mais elle entend qu'il l'appelle et elle se précipite à son secours. Alors, pourquoi dans les difficultés les humains n'ont-ils pas la même réaction instinctive que l'enfant, pourquoi ne poussent-ils pas au moins un cri vers le Ciel ?

Celui qui nie l'existence d'entités supérieures au règne humain se limite et s'obscurcit. Même s'il n'en est pas conscient, l'existence de ces entités est une réalité. Comment peut-il imaginer qu'il va avancer, se perfectionner, en ignorant ou en refusant d'admettre qu'au-dessus de lui existe cette hiérarchie sublime des Anges, des Archanges… jusqu'au Seigneur ? Puisqu'il se coupe de la chaîne ascendante des êtres, il n'a rien ni personne à qui faire appel pour recevoir des énergies d'un ordre supérieur et avancer sur le chemin de l'évolution.

Bien sûr, tant qu'il s'agit du plan matériel, on peut toujours se débrouiller sans avoir la moindre idée des hiérarchies angéliques. Mais dans la vie spirituelle c'est impossible, on stagne, car on se coupe du courant de la vie divine. Seul celui qui a conscience de l'existence de ces hiérarchies voit toujours une lumière devant lui, et il reçoit un élan pour continuer à marcher.

5 Décembre

Le culte des saints est en soi une bonne chose ; on ne peut reprocher à personne de vénérer des statues, des icônes, des reliques, et de prier, de s'agenouiller devant elles. Mais il faut bien avoir conscience de ce que représentent en réalité ces images ou ces reliques. Si vous priez devant une image, ce n'est pas elle qui va vous aider, vous protéger : elle vous mettra seulement en communication avec l'entité qu'elle représente, et c'est déjà beaucoup, vous avez là de grandes possibilités ; mais restez conscient que l'image ou l'objet n'est qu'une forme.

Dans la religion, les formes sont utiles, nécessaires même, mais il ne faut pas s'y arrêter, il faut toujours chercher le principe qui est au-delà des formes et se lier à ce principe pour acquérir toutes les qualités qu'il possède. C'est à cette seule condition que vos prières seront exaucées.

Quelle mauvaise habitude ont certaines personnes de s'abriter dans la faiblesse, la sentimentalité, la sensiblerie ! Plutôt que de réagir en faisant tout de suite intervenir la pensée, le raisonnement, à la moindre contrariété elles adoptent une attitude passive, elles pleurnichent et attendent que les autres viennent les plaindre et les consoler. « Ah, que tout cela est triste, combien je te comprends ! » Voilà ce qu'elles veulent entendre et elles se lamentent deux fois plus. C'est comme les enfants : un enfant tombe, il commence à pleurer ; si vous lui dites : « Oh ! mon chéri, tu t'es fait mal, tu souffres… » ses pleurs vont redoubler. Mais vous lui dites : « Regarde, ce n'est pas grave, tu n'as rien », c'est fini, il sèche ses larmes et va continuer à jouer.

Mais combien d'adultes sont comme les enfants ! Pour n'importe quoi, voilà des plaintes sans fin. Et les autres, ignorants, croyant bien faire, passent des heures à les écouter en s'efforçant de les consoler. Mais à quoi rime tout cela ? Il faut être intelligent quand on veut aider les humains, il faut même les secouer parfois, sinon on les enfonce dans leurs faiblesses.

7 Décembre

Les humains sont continuellement occupés à faire des projets. Ça, c'est sûr, les projets ne manquent pas. Mais quels sont-ils ? Rarement, très rarement celui de devenir des serviteurs de Dieu, des conducteurs de la lumière. Il serait facile de leur en donner les moyens ; mais ce qui est difficile, c'est de les amener à rechercher un idéal pareil. Même le Seigneur est incapable de leur donner ce désir. Désirer ne dépend que de l'homme lui-même, personne ne peut désirer pour lui, comme personne ne peut avoir faim et manger pour lui.

Un Maître vous présente toutes sortes de nourritures, symboliquement parlant, mais c'est vous qui devez manger, le Maître ne peut pas le faire à votre place. Si c'est lui qui mange pour vous, il « grossira » et vous « maigrirez » ! Un Maître vous donne le savoir, mais la volonté de l'accepter et de l'appliquer doit venir de vous. Le jour où le savoir de votre Maître et votre bonne volonté se rencontrent, les résultats sont magnifiques.

Sur le chemin de l'évolution, l'amour de la beauté peut vous amener très loin, mais seulement l'amour pour la beauté spirituelle, la beauté divine qui est à la fois pureté, harmonie, intelligence. Car cet amour pour la beauté est une protection, c'est lui qui vous empêchera d'aller vous égarer dans la médiocrité, la bassesse, tout ce qui peut salir votre cœur, votre âme. C'est comme un vêtement qui vous protège.

Quand vous portez de beaux vêtements neufs, vous n'irez pas nettoyer votre voiture ou faire la vaisselle et le ménage avec. Mais si vous avez de vieux vêtements déjà sales, avec quel plaisir vous allez continuer à les salir ! Alors, pourquoi ne pas en tirer une conclusion pour la vie intérieure ? Supposez que vous ayez intérieurement une robe magnifique, une aura pure, lumineuse – c'est cela le véritable vêtement – vous n'oserez pas la salir, donc elle vous protège. C'est ainsi que l'amour de la beauté peut vous sauver.

9 Décembre

Avoir une famille, des amis, pouvoir vivre en harmonie avec son entourage, la plupart des gens affirment que rien n'est plus précieux. Cependant, que de discordes dans les familles et que d'amitiés, d'unions et de liens rompus ! Pourquoi ? Parce qu'on est insouciant, négligent.

Vous voulez garder de bonnes relations avec votre famille, vos amis et tout votre entourage ? Faites attention à ce que vous dites. Et quand vous avez à traiter avec un proche d'un sujet délicat le concernant, réfléchissez bien d'abord. D'ailleurs, d'une façon générale, quel que soit le sujet, il est préférable de bien peser ses mots, et surtout de ne pas répondre du « tac au tac », comme vous dites en français. Parce que souvent, quand on parle sans avoir pris le temps de bien réfléchir, on oublie presque aussitôt ce qu'on a dit. Mais voilà, les personnes à qui on s'est adressé, elles, elles n'oublient pas.

Quel que soit le monde auquel elles appartiennent : minéral, végétal, animal, humain, toutes les créatures possèdent une conscience, mais suivant leur degré d'évolution, cette conscience est plus ou moins éloignée de leur corps. C'est chez les minéraux qu'elle est la plus éloignée, c'est pourquoi ils sont dans un état de complète inertie. La conscience des plantes se trouve au centre de la terre ; donc pour leur parler, pour qu'elles nous comprennent et qu'elles agissent, c'est là que nous devons essayer de les toucher. Les animaux non plus n'ont pas de conscience individuelle, mais une conscience collective en dehors d'eux, et chaque espèce possède une âme-groupe qui la dirige. S'ils ont par exemple des périodes pour la procréation, pour la ponte, pour les migrations, pour la mue, etc., c'est parce qu'ils obéissent à une âme-groupe en dehors d'eux et dont ils dépendent.

Quant à l'homme, il est le seul à posséder une conscience individuelle, c'est pourquoi il est un être pensant et libre.

Celui qui ne cherche pas à nourrir en lui un idéal spirituel est incapable de mobiliser et orienter ses énergies dans la bonne direction, et toute sa vie va se dérouler dans le désordre. Il n'y a qu'à jeter un regard sur l'existence de la majorité des humains : quel désordre, quel chaos ! Pourquoi ? Parce que leur idéal est l'argent, la gloire, le pouvoir, les plaisirs.

Évidemment, on ne peut pas nier que la vie de beaucoup d'entre eux soit originale, pittoresque. On peut en faire des romans et des films. Oui, quelles aventures passionnantes ! Comment ils ont trompé et éliminé un rival (ou une rivale), comment ils ont ruiné un concurrent… Eh oui, mais tôt ou tard ils paieront très cher l'utilisation tellement misérable de tous ces talents qu'ils auraient dû consacrer à la réalisation d'un idéal spirituel.

Une bonne vision des choses ne s'acquiert que par la pureté. C'est pourquoi notre Enseignement met l'accent sur la vie pure, aussi bien dans le plan physique que dans le plan psychique.

Toute la destinée de l'homme dépend de la clarté de son « œil intérieur », et cette clarté dépend de sa façon de vivre. Dès qu'il commet une faute, qu'il transgresse les lois divines, sa vision spirituelle s'obscurcit, il n'est plus averti ni guidé, et il s'égare dans des voies sans issue. C'est donc à chacun de prendre conscience de la relation qui existe entre sa conduite quotidienne et la clarté de sa vision. Celui qui se décide à vivre une vie droite, honnête, noble, se purifie et ses centres subtils commencent à fonctionner. C'est ainsi que, bien guidé, bien dirigé, il retrouve les sources, les prairies, les lacs, les pâturages et les montagnes de sa vraie patrie.

13 Décembre

En restant froids, figés, ternes, sans amour, beaucoup de gens s'imaginent pouvoir réussir dans la vie. Les pauvres ! S'ils veulent réussir, il faut qu'ils s'habituent d'abord à devenir vivants, et on ne devient vivant qu'en apprenant à aimer ; pour cela aussi il y a des exercices à faire. Lesquels ? En voici un très facile. À un moment où personne ne vous voit, vous levez votre main en envoyant tout votre amour vers la terre et le ciel, vers les Anges, vers le Seigneur, et vous dites : « Je vous aime, je vous aime, je veux être en harmonie avec vous. » En vous habituant ainsi à projeter dans l'espace quelque chose de vibrant, d'intense, vous devenez comme une source, comme un soleil.

Pourquoi certains êtres s'abritent-ils derrière un visage sinistre où l'on ne sent ni amour, ni bonté, ni même intelligence ? Ils ne s'aperçoivent pas combien cette attitude est pernicieuse, aussi bien pour eux-mêmes que pour les autres. Ils doivent apprendre à exprimer l'amour pour devenir vivants, pour que leur visage, leur regard, soient vivants, pour que leur présence soit vivante.

Combien de fois vous hésitez à manifester votre bonté en vous disant que personne n'appréciera votre geste : les humains sont ingrats et même méchants, pensez-vous, ça ne vaut donc pas la peine de chercher à faire quelque chose pour eux. Eh bien, voilà une façon de penser très pernicieuse, car elle vous paralyse dans ce que vous avez de meilleur.

Vous avez fait du bien et vous n'en avez pas été récompensé, vous avez même été trompé, c'est possible. Mais comprenez une fois pour toutes que votre conduite n'a pas à dépendre de l'attitude des autres. Faites le bien et n'attendez rien, comptez seulement sur Celui qui voit tout, qui sait tout. Lui seul peut apprécier vos actions bonnes et généreuses, et c'est donc de Lui que viendra la récompense… mais peut-être sous une forme différente de celle que vous attendiez. Vous serez en meilleure santé, plus fort, plus sage, plus heureux : n'est-ce pas la meilleure récompense ?

Ce que l'on appelle involution est ce processus par lequel l'être humain est descendu des régions célestes. Au fur et à mesure de cette descente dans la matière, tandis qu'il s'éloignait du feu primordial, il s'est chargé de corps de plus en plus denses, jusqu'au corps physique. Exactement comme en hiver quand nous devons affronter le froid, nous sommes obligés d'enfiler une quantité de vêtements, depuis le tricot jusqu'au manteau.

Pour reprendre maintenant le chemin vers les hauteurs, l'être humain doit se dévêtir, symboliquement parlant, c'est-à-dire qu'il doit se débarrasser de tout ce qui l'alourdit. Au lieu de continuer à s'enfoncer dans toutes sortes de préoccupations et d'activités hétéroclites, inutiles, il doit apprendre à renoncer, à se dégager. C'est l'accumulation qui favorise la descente. Chaque pensée, sentiment ou désir qui n'est pas de nature spirituelle vient se coller à lui comme le givre sur les branches des arbres en hiver. Il faut que le soleil du printemps recommence à briller en nous pour que le givre fonde, pour que nous retrouvions notre être véritable... pour que nous nous sentions traversés par le souffle divin.

Il est naturel que vous vouliez attirer l'amour ou l'amitié de quelqu'un, mais n'ayez jamais recours pour cela à des moyens de pression comme l'argent, les cadeaux, la séduction, le chantage. Même si beaucoup d'hommes et de femmes se servent en général de ces moyens, parce que ce sont évidemment les plus faciles, vous, gardez-vous de les utiliser.

Le seul moyen dont vous ayez le droit de vous servir pour attirer l'amour est la lumière, et il est aussi le seul véritablement efficace. Envoyez à l'être dont vous voulez vous faire aimer des cadeaux de lumière spirituelle, des couleurs que vous répandez autour de lui en sachant que la lumière et les couleurs sont des entités vivantes. Quand son âme sentira la présence de ces entités bénéfiques, elle pensera à vous avec reconnaissance et, de plus en plus, elle vous appréciera.

17 Décembre

Chaque jour la vie nous présente tout ce qui est nécessaire pour nous instruire. Les sages réfléchissent sur tout, tirent des leçons de tout et utilisent tout pour le bien. Mais que dire des autres ? Beaucoup sont à tel point privés de discernement que, même s'il leur arrive de bonnes choses, non seulement ils ne savent pas les voir et les utiliser, mais ils s'arrangent pour qu'elles se retournent contre eux.

Si vous êtes conscient, vigilant, même vos échecs et vos malheurs peuvent contribuer à votre évolution, parce que vous saurez les utiliser. Vous vous direz : « Oh là là, encore une occasion magnifique pour devenir plus fort, plus intelligent, plus riche d'expérience. » Si vous n'aviez pas ces occasions, comment progresseriez-vous ? Dans un autre domaine, c'est exactement le rôle des examens ou des compétitions qui obligent les étudiants et les athlètes à s'exercer.

Notre corps physique est composé d'une multitude de cellules, et chacune de ces cellules est une entité vivante, une très petite âme intelligente qui sait comment respirer, se nourrir, éliminer… Regardez comment travaillent les cellules de l'estomac, du foie, des organes sexuels, du cœur, du cerveau… Elles ont toutes leur spécialité. Et cette intelligence n'est que la somme des intelligences de toutes ces petites existences : nous dépendons d'elles et elles dépendent de nous, nous formons une unité.

L'être humain ne peut rien faire sans le consentement de ses cellules. Le jour où elles s'arrêtent de travailler, de contribuer au bon fonctionnement de son organisme, il ne peut plus respirer, se nourrir, se mouvoir, penser. Et il ne lui sert à rien de se révolter. Il doit donc comprendre qu'il est la synthèse de toutes ces petites âmes intelligentes qui vivent en lui, et qu'il a, chaque jour, à bien prendre soin d'elles.

L'inquiétude, l'agitation créent les plus mauvaises conditions pour l'activité de la pensée. C'est pourquoi, lorsque vous avez un problème important à résoudre, commencez par vous apaiser. Faites le silence en vous et essayez de vous élever le plus haut possible, car c'est en haut que se trouve la lumière. Lorsque vous sentez que vous avez réussi à atteindre une sorte de sommet, posez la question qui vous préoccupe et attendez.

Bien sûr, cette réponse commencera par vous parvenir plus ou moins clairement ; ce ne sera peut-être qu'une sensation vague, difficile à interpréter, mais ce sera déjà un indice. Alors, n'abandonnez pas. Recommencez autant de fois qu'il est nécessaire, reposez la question : bientôt vous ressentirez en vous une clarté, une certitude, et à ce moment-là plus de doute, vous connaîtrez comment vous devez agir. Mais vous devez savoir que la netteté et la précision des réponses que vous recevrez dépendent de votre développement spirituel.

Pour les kabbalistes, la Divinité est une entité tellement inaccessible qu'ils La situent au-delà de la lumière et des ténèbres, au-delà des mondes créés. À cette entité ils ont donné le nom d'*Aïn Soph Aur :* Lumière sans fin.* Et pour mieux exprimer encore son mystère, au-delà d'*Aïn Soph Aur* ils ont conçu une région qu'ils ont appelée *Aïn Soph :* Sans fin, et encore au-delà d'*Aïn Soph, Aïn :* Sans. À l'origine de l'univers il y a donc une négation. Mais Sans, qui signifie l'absence, le manque, ne signifie pourtant pas la non-existence. *Aïn* n'est pas le néant absolu tel que certains ont imaginé le Nirvâna des hindous. En fait, c'est exactement l'inverse. *Aïn Soph Aur,* comme le Nirvâna, n'est pas une non-existence, un néant, mais une vie au-delà de la création, de la manifestation, et tellement au-delà qu'elle semble n'être plus rien.

Aïn Soph Aur, Aïn Soph, Aïn... c'est ainsi que les kabbalistes ont cherché à définir l'essence de la Divinité. Elle échappe à notre entendement, mais ces mots peuvent nous faire sentir ce qu'il est impossible d'exprimer.

* Voir tableau et note, p. 374-376.

Pour qu'une semence produise un arbre, quatre conditions sont nécessaires : la mettre en terre, l'arroser, lui laisser de l'air et lui assurer la chaleur et la lumière du soleil. Les quatre éléments sont donc là présents : la terre, l'eau, l'air et le feu. Au fur et à mesure que les racines s'enfoncent dans le sol, il sort une petite tige qui devient un tronc, et ce tronc se ramifie en branches sur lesquelles poussent les bourgeons ; quand les bourgeons éclatent, les feuilles et les fleurs apparaissent, et ces fleurs produiront des fruits. Enfin, avec les semences données par les fruits, le cycle recommence.

Tout ce qui existe dans l'univers passe d'une certaine manière par les mêmes phases : racines, tige, branches, feuilles, fleurs, fruits, semences ; et c'est cette succession de phases qu'on appelle la vie. Selon les différents règnes ou plans où ils se produisent, certains processus sont plus longs, d'autres plus courts. Ce qu'il y a de remarquable avec les arbres, et en particulier les arbres fruitiers, c'est que ces processus se répètent invariablement tous les ans : les quatre saisons en sont les quatre étapes et, pour souligner leur importance, la tradition initiatique a mis chacune de ces étapes sous l'influence d'un archange : Raphaël règne sur le printemps, Ouriel sur l'été, Mikhaël sur l'automne, et Gabriel sur l'hiver.

Dans la Science initiatique, l'or représente le vrai savoir, ce savoir qui est d'abord lumière et grâce auquel nous apprenons non seulement à lire le livre de la nature, mais aussi à entrer au service du Seigneur. Et pourquoi entrer au service du Seigneur ? Parce que c'est là que nous trouverons la liberté. Oui, c'est ainsi que nous instruit l'or véritable, et non seulement il nous instruit, mais il nous propose les meilleures activités. Alors, que de découvertes, que de voyages en perspective pour celui qui possède cet or !

Quand je vous parle de l'or, efforcez-vous de comprendre de quel or il s'agit et comment l'obtenir par votre travail spirituel. Toutes les connaissances humaines sont sans valeur en comparaison de quelques grammes de cet or véritable, car c'est avec cet or seulement que vous obtiendrez sécurité, appui et protection.

23 Décembre

Quelle différence y a-t-il entre un matérialiste et un spiritualiste ? Pour prendre une image très simple, je vous dirai que le spiritualiste transporte partout sa maison avec lui, tandis que le matérialiste ne peut pas la déplacer. Oui, le spiritualiste, pour qui les véritables trésors sont intérieurs, emporte toujours avec lui son bagage de joie, de bonheur, de dilatation (c'est cela, sa maison), alors que le matérialiste ne peut pas aller et venir avec tout ce qu'il possède, il doit en laisser la plus grande partie sur place.

En réalité, l'être humain n'est riche que dans la mesure où il a conscience de l'être. Si le spiritualiste n'est pas conscient de sa richesse, il est plus pauvre que tous les matérialistes. Mais s'il apprend à élargir sa conscience, il se sent en relation avec toutes les âmes évoluées de l'univers qui lui donnent leur science, leur lumière, leur joie. Et alors, quel matérialiste peut se comparer à lui ? Même les pierres précieuses et les diamants pâlissent devant le scintillement de tous ses trésors intérieurs.

Dites-vous bien que votre existence terrestre n'est qu'un long sommeil peuplé de rêves. Un jour, quand vous vous réveillerez, vous direz : « Mon Dieu, comment ai-je pu croire que tout ça était vrai ? » Mais tant que vous êtes ici, vous avez à travailler, afin d'apprendre à connaître la matière. Même si, quand vous retournerez dans l'autre monde, vous devrez convenir que la réalité n'était pas là…

Nous ne sommes qu'un rêve de l'Être divin qui est en nous ; nous dormons et nous devons nous réveiller. Mais comment nous réveiller ? En nous concentrant sur notre Moi supérieur, en nous identifiant à lui. Peu à peu, la conscience de notre moi limité s'unira à la conscience de notre Moi supérieur, et c'est dans cette union que se produira le véritable réveil.

Une naissance n'est rien d'autre que le passage de l'invisible au visible, de l'immatériel au matériel, de la pensée à la réalisation. Dans notre corps, c'est la lune, principe féminin par excellence, qui préside à toutes les formes d'incarnation. En hiver, période pendant laquelle les nuits sont les plus longues et où la vie de la nature se ralentit, les conditions sont moins propices aux manifestations extérieures, et plus favorables au contraire à la vie intérieure : l'homme est poussé à entrer en lui-même pour préparer la naissance de cet enfant de lumière que certaines traditions ont symbolisé par une perle. La perle, qui vient de la mer, a comme elle des relations avec la lune.

Sur l'Arbre séphirotique, l'huître perlière, c'est *Iésod**, la séphira où se trouve la lune. Dans le corps cosmique, *Iésod* représente les organes génitaux. C'est là que la perle doit se former. Cette perle représente la quintessence la plus pure de l'amour. L'huître perlière, c'est le principe féminin qui met au monde une perle, l'enfant divin.

* Voir tableau et note, p. 374-376.

Dieu est une source jaillissante. Et puisqu'Il a fait l'homme à son image – un microcosme créé à l'image du macrocosme – nous avons aussi en nous une source qui attend les conditions pour jaillir et couler.

Si par la pensée, par la prière, nous arrivons à nous lier à la Source céleste, nous ferons jaillir l'eau de notre propre source, et toutes nos cellules seront arrosées, vivifiées par cette eau divine qui les traversera. Grâce à cette source qui est l'amour, qui est la vie, qui est la lumière, nous deviendrons un instrument parfait entre les mains du Ciel. Et c'est alors que nous serons capables de remplir le programme donné par le Maître Peter Deunov dans cette formule tellement belle et profonde : « Ayez le cœur pur comme le cristal, l'intellect lumineux comme le soleil, l'âme vaste comme l'univers, l'esprit puissant comme Dieu et uni à Dieu ».

27 Décembre

Les hommes et les femmes qui s'aiment éprouvent le besoin de se rencontrer, de se rapprocher, de vivre ensemble, et c'est naturel. Mais si une véritable dimension intérieure manque à leur relation, on peut déjà prédire la fin de leur amour.

Analysez-vous : quand vous vous sentez habité par la présence subtile d'un être cher, vous constatez que vous n'avez pas nécessairement besoin de sa présence physique pour vous sentir avec lui. Si vous ressentez fortement le besoin d'une présence physique, c'est que vous êtes en train de sortir de votre monde intérieur, et là, vous risquez d'aller au-devant de grandes souffrances. Car qui dit que les circonstances ne vous priveront pas un jour ou l'autre de cet être que vous aimez ?… Lorsque vous êtes habité par une présence intérieure, les circonstances extérieures ont moins de prise sur vous. C'est un critère : si, en pensant à ceux que vous aimez, vous ressentez autant de joie qu'en les voyant, vous êtes libre, et cette joie ne vous quitte plus.

Périodiquement il est bon de faire une pause et de réviser sa vie. Pourquoi ? Parce que trop souvent, jour après jour, l'existence que l'on mène s'alourdit, s'obscurcit à cause de toutes sortes de préoccupations et d'activités qui s'ajoutent les unes aux autres sans rien apporter du point de vue spirituel. Influencé par l'atmosphère ambiante, on oublie que l'on doit rester très peu de temps sur la terre et qu'on devra laisser ici toutes ses acquisitions matérielles, ses titres, sa position sociale.

Vous direz que tout le monde sait cela. Oui, tout le monde le sait, mais la plupart l'oublient. Et même le disciple d'une École initiatique, souvent, est influencé : il devient moins vigilant, il se laisse obnubiler par le spectacle des richesses, des succès qu'il voit autour de lui. C'est pourquoi il est indispensable que, de temps en temps, il fasse une pause pour regarder en arrière, analyser la direction qu'il est en train de prendre, les activités dans lesquelles il est en train de s'engager, et faire chaque fois un triage pour ne conserver que l'essentiel.

Chacun est curieux de connaître son avenir, c'est naturel, mais est-il nécessaire d'aller pour cela consulter des clairvoyants ? Moi, je vous dirai que non, car il est très facile de deviner son avenir. Si vous aimez tout ce qui est grand, noble, juste et beau, et si vous travaillez de tout votre cœur, de toute votre pensée, de toute votre volonté pour l'atteindre et le réaliser, votre avenir est déjà tracé : vous vivrez un jour dans des conditions qui correspondent à votre idéal : la paix, la liberté, la lumière. Voilà l'essentiel à connaître sur votre avenir.

Bien sûr, vous ne saurez peut-être pas ce que seront la profession, les rencontres, les gains ou les pertes d'argent, les maladies, les accidents, les succès… Mais tout ça n'a pas grande importance, parce que c'est passager et que cela peut vous être donné et repris. Quand vous quitterez la terre, il ne vous restera véritablement que ce qui correspond aux aspirations de votre âme et de votre esprit.

Dans la vie intérieure, dans la vie spirituelle, il faut souhaiter avoir une place au côté du Roi, mais dans les affaires terrestres il vaut mieux ne pas aspirer à une aussi haute position. Si on a vraiment besoin de vous, on finira bien par vous trouver, mais rien ne dit que vous serez très heureux quand vous serez accablé par les responsabilités et les soucis qui assaillent fatalement ceux qui dans les affaires, la politique, etc., occupent le sommet.

Un véritable Initié ne recherche pas un poste élevé, mais intérieurement il vise si haut que vous ne pourrez même pas l'apercevoir. Comme lui, acceptez une place modeste dans la société si la destinée ne vous en présente pas de plus glorieuse, mais dans la vie spirituelle cherchez à vous élever le plus haut possible.

Demain commence une année nouvelle, et ce soir, par nos chants, nous avons accompagné l'année qui s'en va. Elle est très heureuse parce que nous la quittons avec beaucoup d'amour. Quant à l'année nouvelle, ce soir déjà vous pouvez commencer à la préparer consciemment, en vous fixant un but : une qualité à développer, une mauvaise habitude à perdre, un projet à réaliser pour la gloire de Dieu. Par cette pensée, ce désir, c'est comme si vous posiez une première pierre, et alors tous les esprits lumineux de la nature vous apporteront leur aide, afin que vous puissiez réaliser votre projet divin. Voilà quelles doivent être vos préoccupations en ce dernier jour de l'année.

Malheureusement, on ne voit pas beaucoup de gens avoir ces préoccupations-là. La plupart se préparent à faire des excès de toutes sortes. Comment s'étonner ensuite si l'année se déroule mal pour eux ? Alors vous, au moins, qui êtes les disciples de l'École divine, efforcez-vous de recevoir l'année nouvelle en vous mettant sous le signe de la lumière.

Note : Sans rejeter la division corps – âme – esprit adoptée traditionnellement en Occident, Omraam Mikhaël Aïvanhov a surtout utilisé la division en six – ou sept – corps, inspirée de la philosophie hindoue. (Le corps éthérique, souvent mentionné, fait partie du corps physique. Voir à ce sujet le chapitre VI de « La vie psychique : éléments et structures »).

Les trois activités fondamentales par lesquelles se caractérise l'homme sont la pensée (qui a pour instrument l'intellect), le sentiment (qui a pour instrument le cœur) et l'action (qui a pour instrument le corps physique). Ne croyez pas que seul le corps physique soit fait de matière : le cœur et l'intellect aussi sont des instruments matériels, seulement leur matière est plus subtile que celle du corps physique.

Une longue tradition ésotérique enseigne que le support, le véhicule du sentiment est le corps astral et celui de l'intellect le corps mental. Mais cette trinité : corps physique, corps astral, corps mental constitue notre nature humaine imparfaite. Ces mêmes facultés de la pensée, du sentiment et de l'action se retrouvent en nous à un niveau supérieur, et là, leurs véhicules sont les corps causal, bouddhique et atmique qui forment notre Moi divin. Les trois grands cercles concentriques indiquent les relations qui existent entre les corps inférieurs et supérieurs.

NATURE SUPÉRIEURE

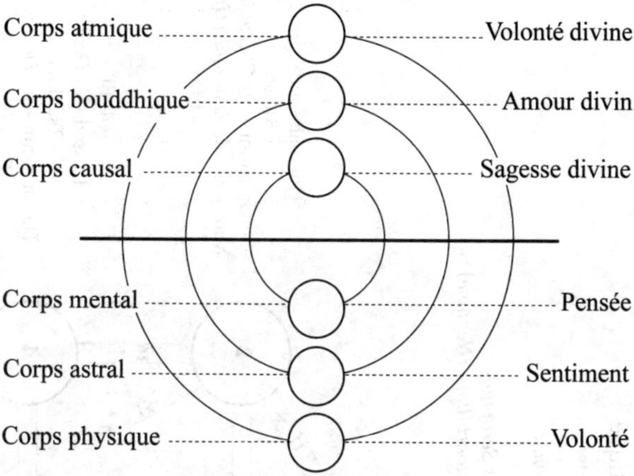

NATURE INFÉRIEURE

Le corps physique qui représente la force, la volonté, la puissance dans le plan matériel est lié au corps atmique qui représente la force, la puissance et la volonté divines.

Le corps astral qui représente les sentiments et les désirs égoïstes et personnels, est lié au corps bouddhique qui représente l'amour divin.

Le corps mental qui représente les pensées ordinaires et intéressées est lié au corps causal qui représente la sagesse divine.

Omraam Mikhaël Aïvanhov

« La vie psychique : éléments et structures » – *N° 222, chap. III, Collection Izvor.*

Arbre séphirotique

1 Ehiéh
Kéther – *la Couronne*
Métatron
Hayoth haKodesch – *les Séraphins*
Reschith haGalgali – *les premiers tourbillons (Neptune)*
♆

3 Jéhovah
Binah – *l'Intelligence*
Tsaphkiel
Aralim – *les Trônes*
Chabtaï – *Saturne*
♄

2 Iah
Hohmah – *la Sagesse*
Raziel
Ophanim – *les Chérubins*
Mazaloth – *le Zodiaque (Uranus)*
♅

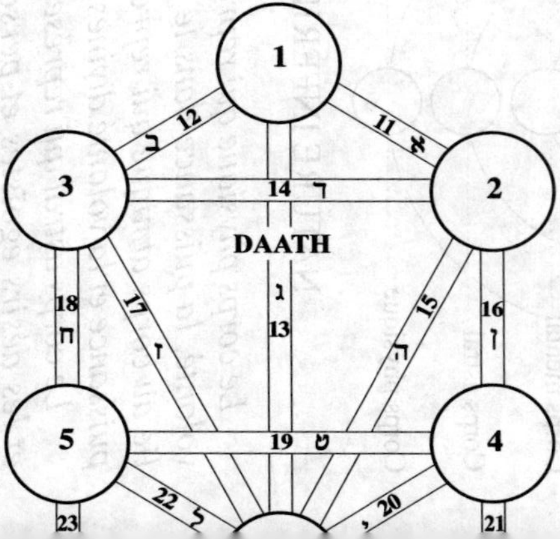

5 Elohim Guibor
Guébourah – *la Force*
Kamaël
Séraphim – *les Puissances*
Madim – *Mars*
♂

4 El
Hessed – *la Grâce*
Tsadkiel
Haschmalim – *les Dominations*
Tsédek – *Jupiter*
♃

8 Elohim Tsébaoth
Hod – *la Gloire*
Raphaël
Bneï-Elohim – *les Archanges*
Kohave – *Mercure*
☿

7 Jéhovah Tsébaoth
Netsah – *la Victoire*
Haniel
Elohim – *les Principautés*
Noga – *Vénus*
♀

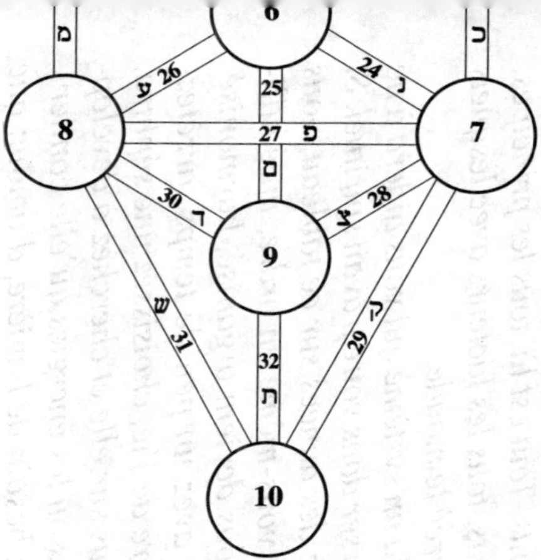

9 Chadaï-El-Haï
Iésod – *le Fondement*
Gabriel
Kéroubim – *les Anges*
Lévana – *Lune*
☽

6 Eloha vaDaath
Tiphéreth – *la Beauté*
Mikhaël
Malahim – *les Vertus*
Chémesch – *Soleil*
☉

10 Adonaï-Méleh
Malhouth – *le Royaume*
Sandalfon
Ischim – *les Hommes parfaits*
Olam Iésodoth – *Terre*
♁

Note :

L'Arbre de Vie est un schéma symbolique qui résume toute la Science initiatique, les doctrines de tous les Initiés. On peut le comparer à une graine, à une semence : plantez-la, elle fera apparaître devant vous toute la création avec la multitude des créatures. Ce schéma peut devenir un instrument magique, un pantacle parmi les plus puissants. Tout est là, tous les principes, tous les éléments, tous les facteurs avec lesquels le Seigneur a créé le monde.

Vous avez là un système qui vous aidera à ne pas vous disperser dans votre travail spirituel. Si vous travaillez des années sur ce tableau, vous introduisez en vous-même un ordre, un équilibre ; tout en vous devient organisé, harmonisé. Dès que vous avez un peu de temps, arrêtez-vous sur l'Arbre de Vie, choisissez une séphira, concentrez-vous sur elle et cherchez à développer les qualités ou les énergies qu'elle contient. Que vous ayez besoin de lumière, d'amour, que vous ayez besoin de force, de protection, de générosité, de justice ou de vie... adressez-vous à l'Arbre de Vie : il est là à la disposition des fils et des filles de Dieu qui ont besoin de se nourrir de la vie divine.

Omraam Mikhaël Aïvanhov

LES FRUITS DE L'ARBRE DE VIE
Tome 32 – Œuvres Complètes

INDEX

A

B

E

M

Q

R

Du même auteur :

Collection des « Œuvres Complètes »

Du même auteur :

Collection Izvor

200 – Hommage au Maître Peter Deunov
201 – Vers une civilisation solaire
202 – L'homme à la conquête de sa destinée
203 – Une éducation qui commence avant la naissance
204 – Le yoga de la nutrition
205 – La force sexuelle ou le Dragon ailé
206 – Une philosophie de l'Universel
207 – Qu'est-ce qu'un Maître spirituel ?
208 – L'égrégore de la Colombe ou le règne de la paix
209 – Noël et Pâques dans la tradition initiatique
210 – L'arbre de la connaissance du bien et du mal
211 – La liberté, victoire de l'esprit
212 – La lumière, esprit vivant
213 – Nature humaine et nature divine
214 – La galvanoplastie spirituelle et l'avenir de l'humanité
215 – Le véritable enseignement du Christ
216 – Les secrets du livre de la nature
217 – Nouvelle lumière sur les Évangiles
218 – Le langage des figures géométriques
219 – Centres et corps subtils – *Aura, plexus solaire, centre Hara...*
220 – Le zodiaque, clé de l'homme et de l'univers
221 – Le travail alchimique ou la quête de la perfection
222 – La vie psychique : éléments et structures
223 – Création artistique et création spirituelle
224 – Puissances de la pensée
225 – Harmonie et santé
226 – Le Livre de la Magie divine
227 – Règles d'or pour la vie quotidienne
228 – Regards sur l'invisible
229 – La voie du silence
230 – Approche de la Cité céleste – *Commentaires de l'Apocalypse*
231 – Les semences du bonheur
232 – Les révélations du feu et de l'eau
233 – Un avenir pour la jeunesse
234 – La vérité, fruit de la sagesse et de l'amour
235 – « En esprit et en vérité »
236 – De l'homme à Dieu – *Séphiroth et hiérarchies angéliques*
237 – La Balance cosmique – *Le nombre 2*
238 – La foi qui transporte les montagnes
239 – L'amour plus grand que la foi
240 – Qu'est-ce qu'un fils de Dieu ?
241 – La pierre philosophale – *des Évangiles aux traités alchimiques*
242 – Aux sources inaltérables de la joie
243 – Le rire du sage
244 – Marchez tant que vous avez la lumière

Du même auteur :

DVD de conférence vidéo

DVD7001FR – La prière, les bienfaits de la collectivité
Conférence en français – Sous-titrage en Allemand - Anglais - Bulgare - Espagnol - Français - Italien - Néerlandais - Norvégien - Polonais - Portugais - Roumain - Russe

DVD7002FR – Seul un haut idéal apporte la plénitude
Conférence en français – Sous-titrage en Allemand - Anglais - Bulgare - Espagnol - Français - Italien - Norvégien - Polonais - Portugais - Roumain - Russe - Tchèque

Disques compacts - Conférences

CD5001FR – Le sens cosmique, mystique et historique de Noël
CD5002FR – L'importance de l'ambiance
CD5003FR – La science de l'éducation
CD5004FR – La prière
CD5005FR – La loi de l'enregistrement
CD5006FR – La véritable vie spirituelle
CD5007FR – L'aura
CD5008FR – La mission de l'art
CD5009AN – The Seed *(en anglais)*
CD5010FR – Déterminisme et indéterminisme
CD5011FR – La vraie beauté
CD5012FR – Introduction à l'astrologie initiatique *(triple CD)*
CD5013FR – L'Éternel Printemps
CD5014FR – La méditation *(triple CD)*
CD5015FR – Messages et conférence
CD5016AN – The Role of the Mother during Gestation *(en anglais – double CD)*
CD5017FR – Le bonheur
CD5018FR – La réincarnation *(triple CD)*
CD5019FR – La science de l'unité
CD5020FR – Le monde des archétypes
CD5021FR – Les deux natures de l'être humain
CD5022FR – Le symbolisme de la porte étroite – Créer une famille universelle
CD5023FR – Pour être aimé, il faut être vivant
CD5024FR – Le sens de l'Initiation *(triple CD)*
CD5025FR – La nutrition : une science encore méconnue

Éditeur-Distributeur
Éditions Prosveta S.A. - Z.A. Le Capitou - B.P. 12
F - 83601 Fréjus CEDEX (France)
Tél. (33) 04 94 19 33 33 – Fax (33) 04 94 19 33 34
E-mail: international@prosveta.com
Site Internet: www.prosveta.com

Distributeurs

ALLEMAGNE
PROSVETA Verlag GmbH – Heerstrasse 55 – 78628 Rottweil
Tél. (49) 741-46551 – Fax. (49) 741-46552 – e-mail: prosveta7@aol.com

ARGENTINE
ASOCIACIÓN SOPHIA – Chile 1736 – Ciudad Mendoza
Tél (54) 261 420 10 47 – e-mail: info@sophia.org.ar

AUSTRALIE
PROSVETA AUSTRALIA
6/A Tyneside Avenue – North Willoughby – Sydney NSW 2068
Tel. (61) (0) 2 8197 1006
e-mail: prosveta.au@bigpond.com

AUTRICHE
HARMONIEQUELL VERSAND – Hof 37 – A- 5302 Henndorf am Wallersee
Tél. / Fax. (43) 6214 7413 – e-mail: info@prosveta.at

BELGIQUE & LUXEMBOURG
PROSVETA BENELUX
C. Gentens – Chaussée de Merchtem 123 – 1780 Wemmel
Tél./Fax (32) 2 460 1362 – e-mail : prosveta@skynet.be
N.V. MAKLU Somersstraat 13-15 – B-2000 Antwerpen
Tél. (32) 3/231 29 00 – Fax (32) 3/233 26 59
S.D.L. CARAVELLE S.A. – rue du Pré aux Oies, 303 – 1130 Bruxelles
Tél. (32) 2 240 93 00 – Fax (32) 2 216 35 98
e-mail : info@sdlcaravelle.com

BOLIVIA
BELTRÁN – Calle Muñoz Cornejo, Sopocachi – La Paz
e-mail: mariabelre@yahoo.es

BULGARIE
SVETOGLED – Bd Saborny 16 A, appt 11 – 9000 Varna
e-mail: vassil100@abv.bg – Tél. / Fax. (359) 52 63 90 94

CANADA
PROSVETA Inc. – 3950, Albert Mines – Canton-de-Hatley (Qc), J0B 2C0
Tél. (819) 564-8212 – Fax. (819) 564-1823
in Canada, call toll free: 1-800-854-8212
e-mail: prosveta@prosveta-canada.com / www.prosveta-canada.com

CHYPRE
THE SOLAR CIVILISATIONBOOKSHOP – BOOKBINDING
73 D Kallipoleos Avenue – Lycavitos – P. O. Box 24947, 1305 – Nicosia
e-mail: heavenlight@primehome.com – Tél. / Fax. 00357-22-377503

COLOMBIE
PROSVETA COLOMBIA
Calle 174 Número 54B – 50 Interior 6 – Villa del Prado – Bogotá
Tél. (57 1) 6 14 53 85 / 6 72 16 89 – Fax. (57 1) 6 33 58 03
Portable: (57) 311 8 10 25 42 – e-mail: kalagiya@hotmail.com

CONGO

PROSVETA CONGO
29, Avenue de la Révolution – B.P. 768 – Pointe-Noire
Tél. (242) 948156 / (242) 5531254 – Fax. (242) 948156
e-mail: prosvetacongo@yahoo.fr

CÔTE D'IVOIRE

Librairie Prosveta
25 rue Paul Langevin Zone 4C – 01 B.P. 2 – Abidjan 01
e-mail: prosvetafrique@yahoo.fr – Tél/Fax: (225) 21 25 42 11

ESPAGNE

ASOCIACIÓN PROSVETA ESPAÑOLA – C/ Ausias March n° 23 Ático
SP-08010 Barcelona – Tél. (34) (93) 412 31 85 – Fax. (34) (93) 318 89 01
e-mail: aprosveta@prosveta.es

ÉTATS-UNIS

PROSVETA US Dist.
29781 Shenandoah LN – Canyon Country CA 91387
Tél. (661) 252-9090
e-mail: prosveta-usa@earthlink.net. / www.prosveta-usa.com

FRANCE – DOM TOM

Éditions Prosveta S.A. - B.P. 12 – F - 83601 Fréjus CEDEX (France)
Tél. (33) 04 94 19 33 33 – Fax (33) 04 94 19 33 34
e-mail: international@prosveta.com – www.prosveta.com

GRANDE-BRETAGNE – IRLANDE

PROSVETA – The Doves Nest, Duddleswell Uckfield – East Sussex TN 22 3JJ
Tél. (44) (01825) 712988 – Fax. (44) (01825)713386
e-mail: prosveta@pavilion.co.uk

GRÈCE

PYRINOS KOSMOS – BOOK - PUBLISHERS
16 Hippocratous Str., 106 80 ATHENS
Tél. 30/1/3602883, 30/1/3615233 – Fax : 30/1/3611234
e-mail : info@pyrinoskosmos.gr – www.pyrinoskosmos.gr

HAÏTI

PROSVETA DÉPÔT HAÏTI – Angle rue Faustin 1er et rue Bois Patate #25 bis
6110 Port-au-Prince
Tél. (509) 22 45 18 65 – Portable : (509) 34 64 80 88 – e-mail: rbaaudant@yahoo.com

ISRAËL

Zohar, P.B. 1046, Netanya 42110 – e-mail: prosveta.il@hotmail.com

ITALIE

PROSVETA Coop. a r.l. – Casella Postale 55 – 06068 Tavernelle (PG)
Tél. (39) 075-835 84 98 – Fax (39) 075-6306 20 18 – e-mail: prosveta@tin.it

LIBAN

PROSVETA LIBAN – P.O. Box 90-995
Jdeidet-el-Metn, Beirut – Tél. (03) 448560 – e-mail: prosveta_lb@terra.net.lb

NORVÈGE

PROSVETA NORDEN – Postboks 318, N-1502 Moss
Tél. (47) 69 26 51 40 – Fax. (47) 69 26 51 08 – e-mail: info@prosveta.no

NOUVELLE-ZÉLANDE

PROSVETA NEW ZEALAND LTD
Unit 2, 212 Riddell Road – Glendowie – Auckland
Tél. (64) 9 889 0805 ou (64) 27 356 0107 – e-mail: info@prosveta.co.nz

PAYS-BAS
STICHTING PROSVETA NEDERLAND – Zeestraat 50 – 2042 LC Zandvoort
Tél. (31) 33 25 345 75 – Fax. (31) 33 25 803 20 – e-mail: prosveta@worldonline.nl

PORTUGAL
EDIÇÕES PROSVETA – Rua Palmira 66 r/c - C – 1170 - 287 Lisboa
Tél. / Fax (351) 213 540 764 – e-mail: prosvetapt@hotmail.com

RÉPUBLIQUE TCHÈQUE
PROSVETA – Ant. Sovy 18 – Ceské Budejovice 370 05
Tél. / Fax. (420) 38-53 10 227 – e-mail: prosveta@iol.cz

ROUMANIE
ANTAR – Str. N. Constantinescu 10
Bloc 16A - sc A - Apt. 9 – Sector 1 – 71253 Bucarest
Tél. 004021-231 28 78 – Tél. / Fax. 004021-231 37 19
e-mail : prosveta_ro@yahoo.com

RUSSIE
EDITIONS PROSVETA
143 964 Moskovskaya oblast, g. Reutov – 4, post/box 4
Tél./ Fax (495) 525 18 17 – Tél. (495) 795 70 74 – e-mail: prosvetarus@gmail.com

SERBIE
ÉDITIONS GLOSARIJUM *(pour la langue serbe)* – Rige od Fere 12 – Beograd
Tél./Fax 011/2182-163 – e-mail: glosarijum@glosarijum.com

SUISSE
PROSVETA Société Coopérative
Ch. de la Céramone 2 – CH - 1808 Les Monts-de-Corsier
Tél. (41) 21 921 92 18 – Fax. (41) 21 922 92 04
e-mail: prosveta@bluewin.ch

VENEZUELA
PROSVETA VENEZUELA C. A. – Calle Madrid
Edificio La Trinidad – Las Mercedes – Caracas D.F.
Tél. (58) 414 134 75 34 – e-mail: prosvetavenezuela@gmail.com

Liste mise à jour le 26.03.09. Vous pouvez consulter la table des matières de nos ouvrages sur www.prosveta.com

L'association Fraternité Blanche Universelle
a pour but l'étude et l'application de l'Enseignement
du Maître Omraam Mikhaël Aïvanhov édité et diffusé
par les Éditions Prosveta.
Pour tout renseignement sur l'Association et ses activités, s'adresser
au Secrétariat
de la Fraternité Blanche Universelle
2 rue du Belvédère de la Ronce
F - 92310 SÈVRES, FRANCE
Tel. (33) 01 45 34 08 85 – Fax (33) 01 46 23 09 26
E-mail: fbu@fbu.org – Site internet - www.fbu.org

Achevé d'imprimer en juin 2009
par l'Imprimerie Darantière
21800 Quetigny – France

Dépôt légal : juin 2009
N° d'impression : 29-0751